0〜5歳児の劇あそび

むかしばなしで発表会 もっと！

アクトリズム オペレッタ

河合礼子・著

Gakken

はじめに

発表会で、子どもたちが元気いっぱいに表現する姿を、保護者の方々、同僚の保育者、そして子どもたちとともに喜び合えたら、つながりがさらに深まってよいですね。

保護者の方々に見せることを意識してしまうと、見栄えが優先されてしまうことがあります。発表会のために無理な練習を重ねるのではなく、発達をよく見極め、子どもたちの自然な姿を伝えられるように配慮しましょう。

日々の保育の中でいろいろな表現活動をしてきた年齢の大きな子どもたちは、それまでの経験を生かしながら、今より少しだけ難しいことにチャレンジしてみようとする前向きな心も、刺激したいものです。それを発表会の場で、力を合わせて頑張っている姿として伝えることができるとよいですね。

この本は、2012年に出版した、『0～5歳児の劇あそび むかしばなしで発表会 アクトリズム オペレッタ』の第2弾になります。シナリオは簡潔明瞭に、セリフはリズミカルで短めになるよう配慮しましたが、これは基本形です。

役の人数の増減、セリフの増減、繰り返したり、分割して割り振ったりなど、保育者が目の前の子どもの姿に合わせ、工夫して楽しい発表となるように、この本を利用していただけたら幸いです。

河合礼子

CONTENTS

PART 1

アクトリズム編

- COLUMN ❶「主役は子ども！を忘れずに」……8
- CD収録曲リスト……7
- 衣装のアイディア……4
- はじめに……2

- ［0～1歳児向き］オオカミと7匹の子ヤギ……10
- COLUMN ❷「作品選びや練習の進め方について」……14
- ［0～1歳児向き］カラスと水差し……15
- COLUMN ❸「発表会の見通しをもつために」……18
- ［1～2歳児向き］町のネズミと田舎のネズミ……19
- COLUMN ❹「大道具・小道具について」……23
- ［1～2歳児向き］逃げ出したパンケーキ……24
- ［2～3歳児向き］赤ずきん……30
- COLUMN ❺「登場人物や配役について」……35
- ［2～3歳児向き］ネズミの嫁入り……36

PART 2

オペレッタ編

- ［3歳児向き］金のおの　銀のおの……44
- ［3～4歳児向き］ネズミのすもう……52
- ［3～4歳児向き］サルとカニ……62
- ［5歳児向き］ヘンゼルとグレーテル……70
- COLUMN ❻「音楽について」……78
- ［5歳児向き］ジャックと豆の木……82
- COLUMN ❼「セリフと動作について」……94

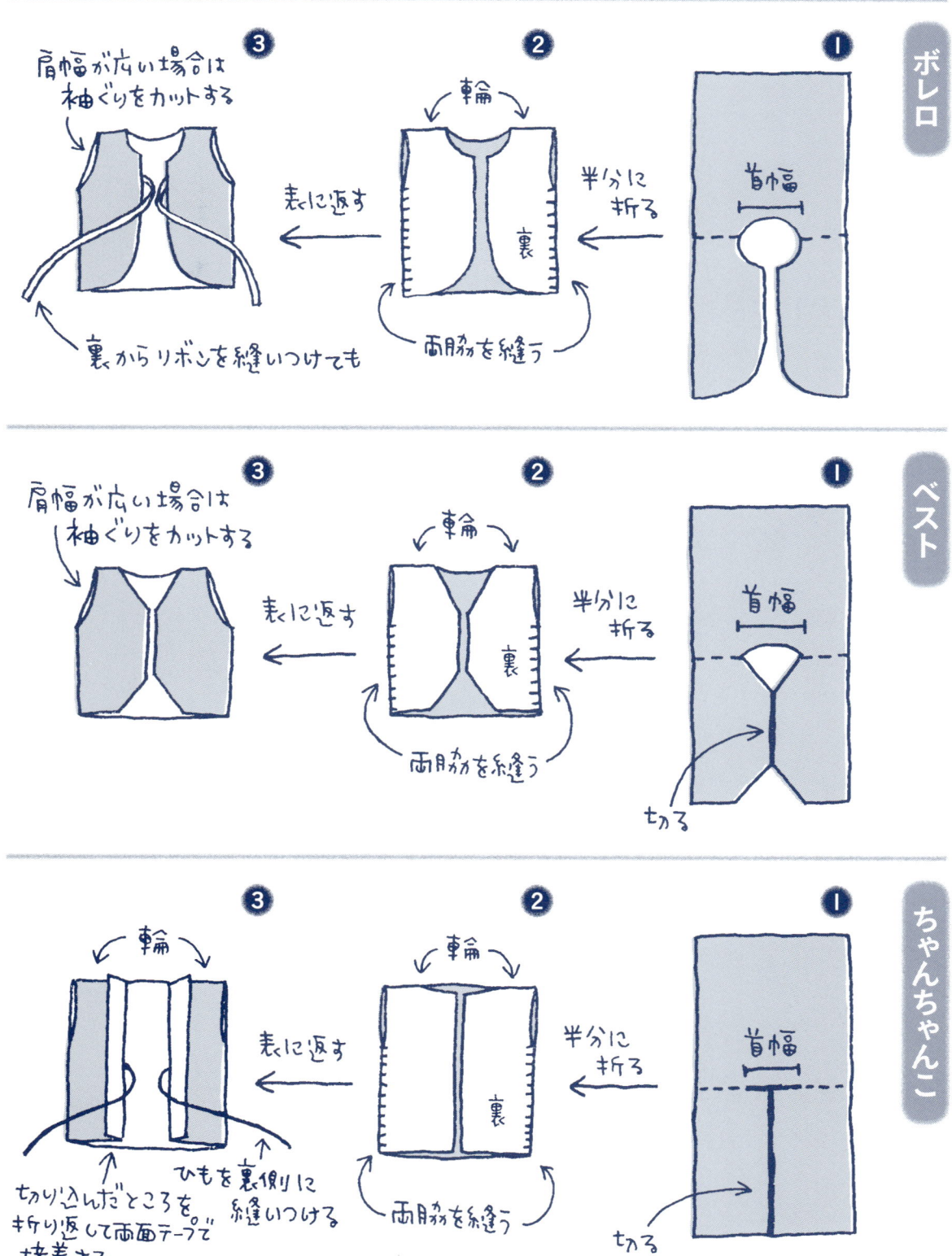

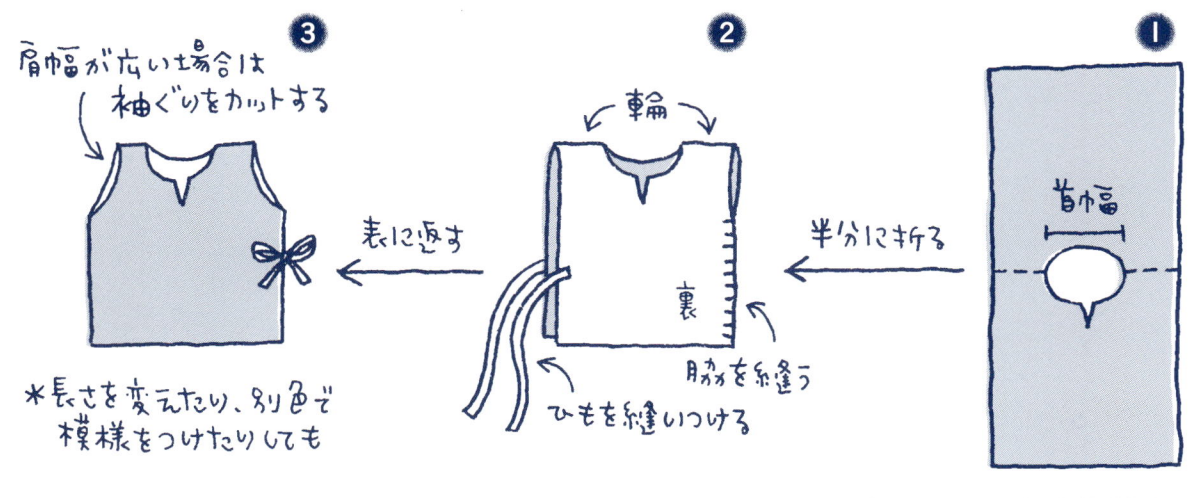

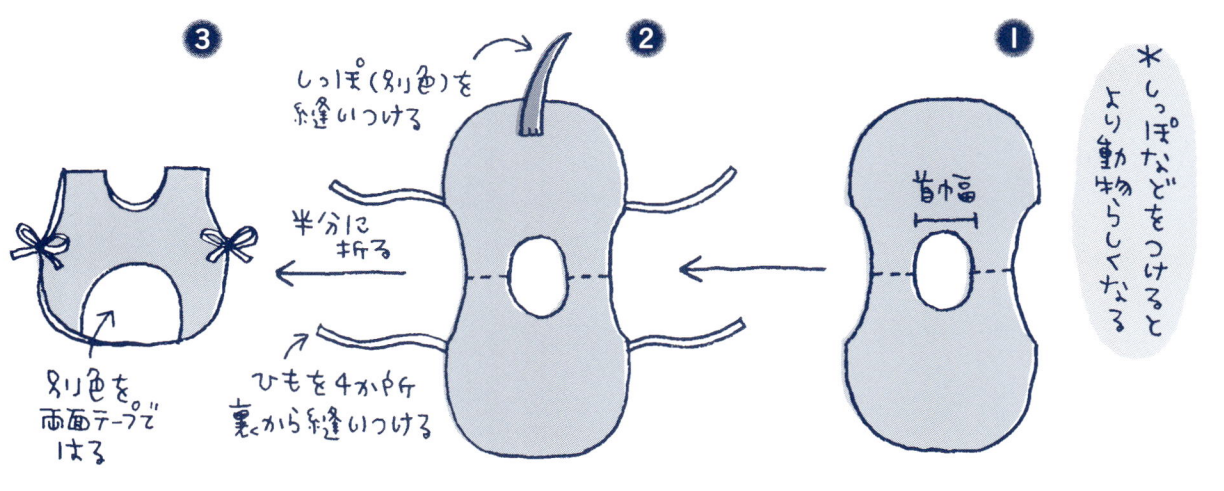

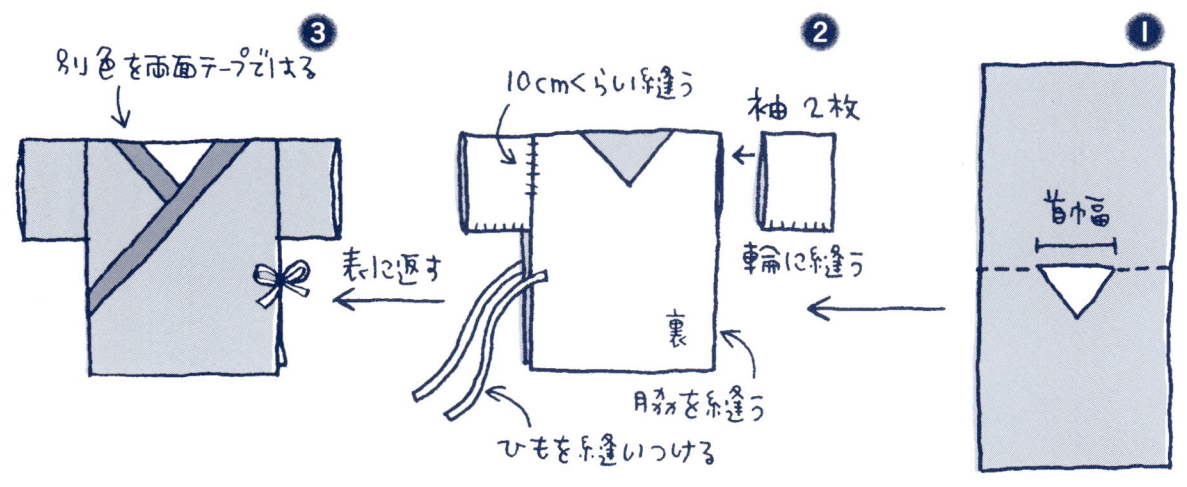

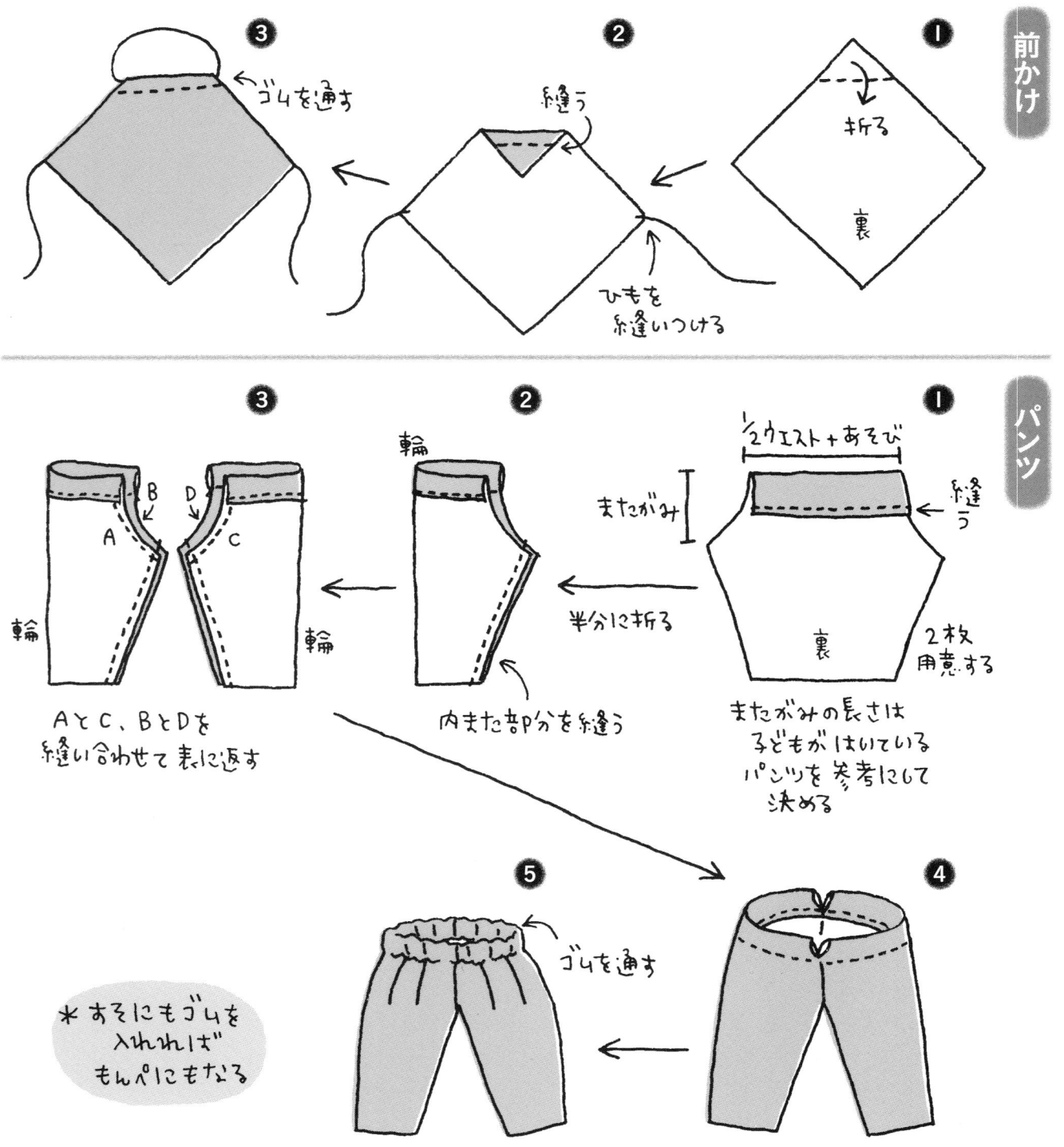

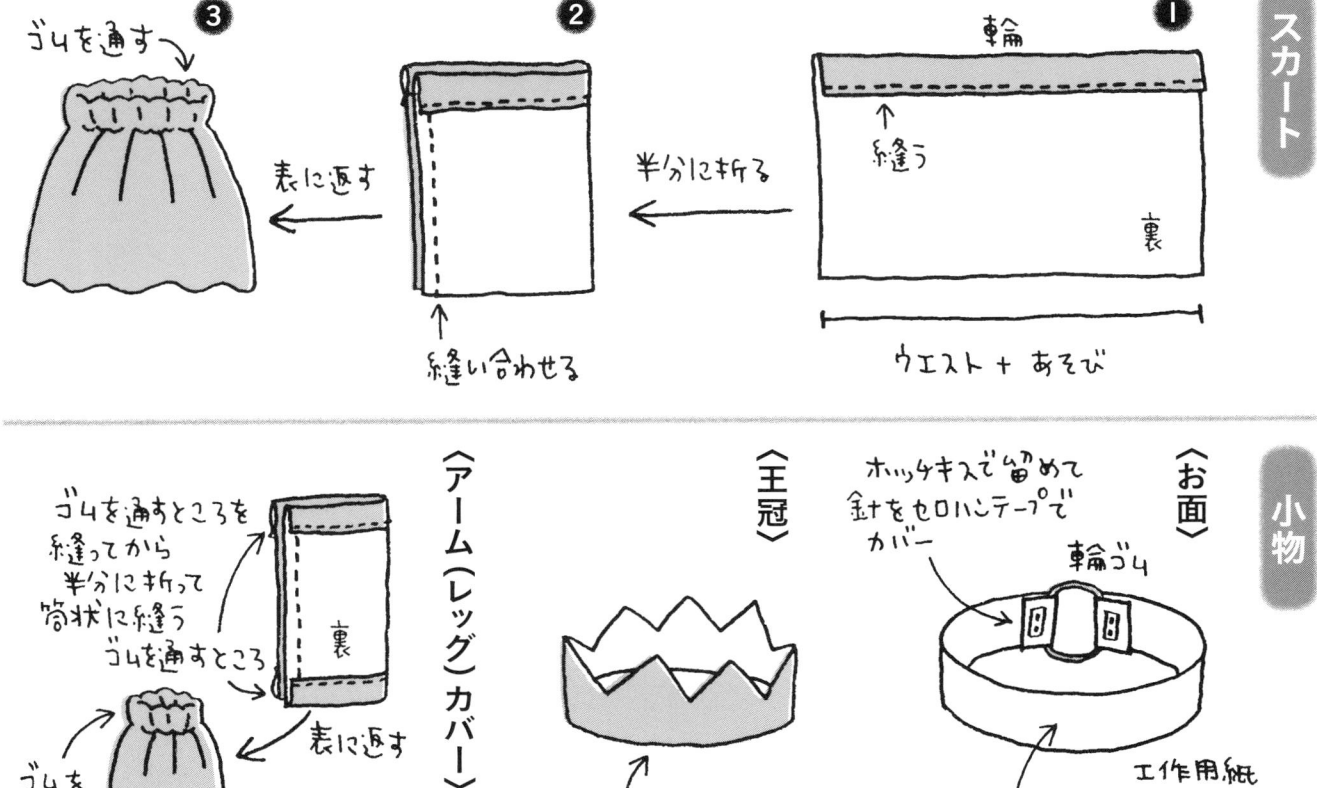

COLUMN ❶

「主役は子ども！を忘れずに」

子どもたちの表情や動きがよくわかるような衣装を心がけましょう。

1. 日常でめったに着ないものを身につけたり、友達とおそろいの衣装を着たりするのは楽しいものです。ここでは「基本」のスタイルを紹介しているので、長さを変えたりギザギザに切ったり、キラキラするテープをはったり…など、役柄に合わせた飾りをつけるといいでしょう。ただし、目立ちすぎる、動きにくいといった衣装は避けたいものです。

2. 主役は子どもたち。子どもたちの豊かな表情がよくわかるように、お面などのかぶり物は小さめにしましょう。0～1歳児はかぶり物をいやがる子も多いので、無理につけるのはやめましょう。

3. 保護者の方に、協力をお願いすることもあるかと思います。その際は負担がかからないように、Tシャツ、ポロシャツ、セーターなど、できるだけ定番の物にしましょう。

4. 制服やスモック、体操着など指定があっても、そろいのベストやチュニックなどを着るだけで、役柄のイメージは伝わります。

CD収録曲リスト

巻末のCDに、左の曲が収録されています。曲名の上にある数字はトラックナンバーです。

オオカミと7匹の子ヤギ
1 オオカミ行進曲 ⓵③
2 トントントンの音 ⓵③
3 子ヤギのポルカ ⓵③
4 トントントントンカチッの音 ⓵③
5 逃げろ、待て待ての曲 ⓵④
6 お母さん行進曲 ⓵④

カラスと水差し
7 カアカアカラス ⓵⑧
8 ウーンどうしよう ⓵⑧

町のネズミと田舎のネズミ
9 ネズミ行進曲 ㉓
10 忍び足の曲 ㉓
11 逃げろの曲 ㉓

逃げ出したパンケーキ
12 逃げろパンケーキ ㉙
13 おじさん行進曲 ㉙
14 鳥の行進曲 ㉙
15 ブタさん行進曲 ㉙
16 ピョンピョンピョン ㉙
17 起立・礼・直れの曲 ㉙

赤ずきん
18 オオカミ行進曲 ㉞
19 赤ずきん行進曲 ㉞
20 お話 ㉞
21 逃げろの曲 ㉟
22 狩人行進曲 ㉟

ネズミの嫁入り
23 ネズミの女の子の行進曲 ㊶
24 お日様 ㊶
25 プロポーズ ㊶
26 雲さん ㊷
27 風さん ㊷
28 壁さん ㊷
29 ネズミくん ㊷
30 結婚行進曲 ㊷

金のおの 銀のおの
31 小鳥の歌 ㊿
32 きこりの歌 ㊿
33 湖沼の神様登場曲 ㊿
34 とんでもないの歌 ㊿
35 見たぞ見たぞ ㊾
36 フィナーレ ㊾

ネズミのすもう
37 始まりの歌 ㊾
38 ネズミ入場曲 ㊾
39 すもうの歌 ⓺⓪
40、41 負けネズミの歌 ⓺①
42 騒がしいの歌 ⓺①
43 フィナーレ ⓺①

サルとカニ
44 始まりの歌 ⓺⑧
45 カキの木 カキの実の歌 ⓺⑧
46 ヒューポン ⓺⑧
47 クリ・ハチ・ウスの歌 ⓺⑨
48 作戦会議 ⓺⑨
49 フィナーレ ⓺⑨

ヘンゼルとグレーテル
50 始まりの歌 ⓻⑧
51 行っちゃったの歌 ⓻⑨
52 迷子の歌 ⓻⑨
53 魔女の歌 ⓼⓪
54 魔女、お誘いの歌 ⓼⓪
55 忍び足の曲 ⓼①
56 フィナーレ ⓼①

ジャックと豆の木
57 けんかしちゃった ⓽⓪
58 始まりの歌 ⓽⓪
59 登っていこうの歌 ⓽①
60 抜き足差し足 ⓽②
61 おかみさんの歌 ⓽③
62 巨人の歌 ⓽③
63 ムシャムシャゴクゴクの歌 ⓽③
64 ポン! ⓽③
65 ポンポロポン ⓽④
66 追いかけろ ⓽④
67 おの振りの曲 ⓽⑤
68 おしまいの歌 ⓽⑤

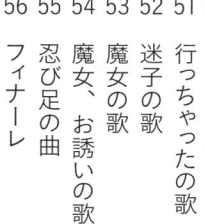

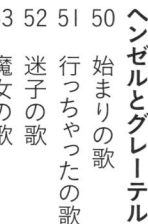

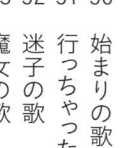

PART 1

アクトリズム編

0・1・2・3 歳児向き

「アクトリズム」とは、簡単な曲に合わせ、何かになりきって、元気いっぱいリズムに合わせて動く(ACT)身体表現の造語です(著者による)。普段の保育の中でなりきってあそぶ活動の延長線上にある発表の方法です。表現の幅が広く、自由度も高いので、子どもの自然な動きや即興の動きを取り上げて、感性を生かした表現をすることが可能です。
セリフがないので、練習をする必要はありません。子どもたちには、負担が少なく、楽しく表現することができるでしょう。子どもの元気な姿を見せられるとよいですね。

オオカミと7匹の子ヤギ

0〜1歳児向き

お母さんが出かけた後に、オオカミがやってきました。うっかり、ドアを開けた子ヤギたちは、次々と食べられてしまいますが…。

登場人物と衣装

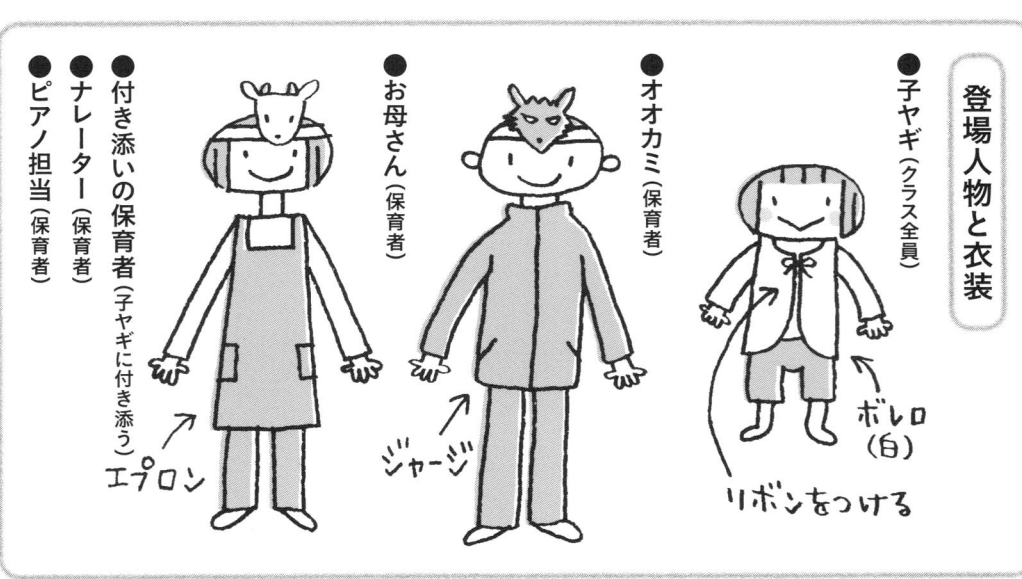

- 子ヤギ（クラス全員）
- オオカミ（保育者）
- お母さん（保育者）
- ナレーター（保育者）
- 付き添いの保育者（子ヤギに付き添う）
- ピアノ担当（保育者）

小道具

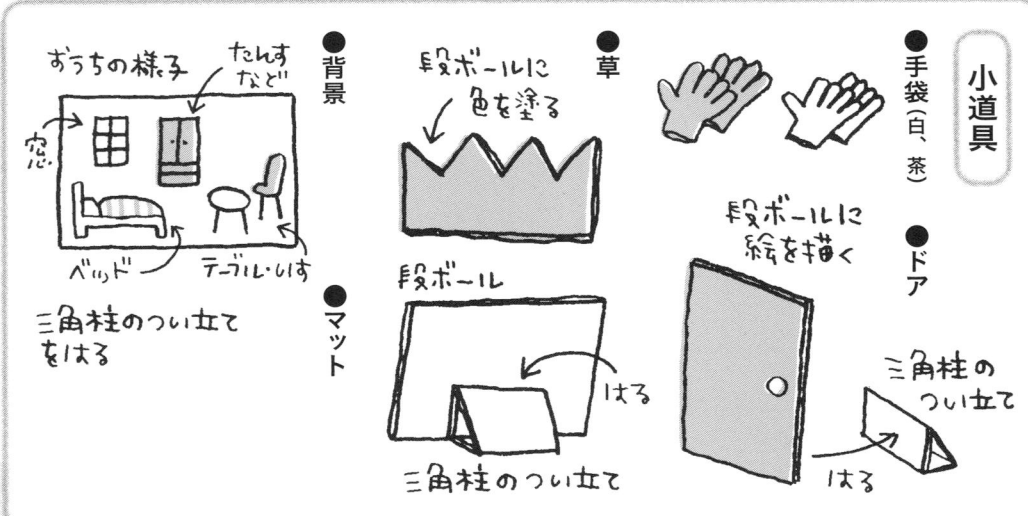

- 手袋（白、茶）
- ドア
- 草
- マット
- 背景

舞台設定

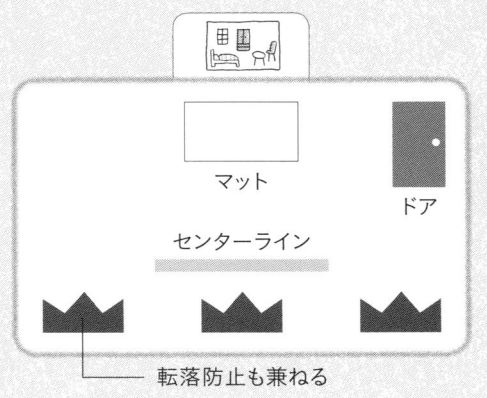

背景、マット、ドアをセットする。転落防止用に、ステージ最前列に草を置く。

楽譜は13ページにあります。

発表のしかた

ナレーター
○○組は、グリム童話の『オオカミと7匹の子ヤギ』を発表します。子どもたち全員、かわいい子ヤギになってがんばりますので、応援よろしくお願いします。ここはヤギさんのおうちです。お母さんはお出かけで、子ヤギたちだけでのお留守番。ちゃんとお留守番、できるかなあ。

——子ヤギたち、マットに座っている。

——オオカミ、上手から登場。「♪オオカミ行進曲」に合わせて、茶色い手袋をはめた手を大きく振りながら、センターラインを一周して退場。

効果音
「♪トントントントン」

ナレーター
「お母さんですよ。」と、オオカミ。(やや低めに、怖そうに言う。)いえいえ、子ヤギたちはドアを開けません。だって、オオカミだってわかっていましたから。お母さんの声はもっと優しいし、手は白くてきれいなんですもの。子ヤギたちは、またあそび始めましたよ。

——子ヤギたち、「♪子ヤギのポルカ」に合わせて、舞台中央に集まり、自由に動いたり、跳んだりはねたり、手をつないでぐるぐる回ったりする。曲が終わったら、再びマットの上に座る。

——オオカミ、上手から登場。「♪オオカミ行進曲」に合わせて、白い手袋をはめた手を大きく振りながら、センターラインを一周して退場。

効果音
「♪トントントントン」

ナレーター
「お母さんですよ。」と、オオカミ。(優しい声で言う。)手も白くてきれいです。子ヤギたちは…。

効果音
「♪トントントントンカチッの音」

ナレーター
たいへん。お母さんと間違えて、子ヤギたちはついにドアを開けてしまいました。子ヤギたち、急いで隠れて!

——子ヤギたち、「♪逃げろ、待て待ての曲」に合わせて、舞台中央に集まり、自由に動いたり、跳んだりはねたり、手をつないでぐるぐる回ったりする。曲が

	終わったら、再びマットの上に座る。
ナレーター	――オオカミ、上手から登場。「♪逃げろ、待て待ての曲」に合わせて、舞台中央で怖いオオカミを演じる。曲が終わったら、上手に退場。 ――子ヤギたち、オオカミが演じている間に、上手に退場。 なんてことでしょう！ オオカミに襲われて、子ヤギたちは次々と食べられてしまいました。そこへ、お母さんが帰ってきました。たった一匹残った子ヤギと一緒に、オオカミを探しにいきました。オオカミは、いったいどこに行ったのでしょう。お母さんは一生懸命探していますよ。 ――お母さん、子ヤギを抱っこして上手から登場。「♪お母さん行進曲」に合わせて、オオカミを探している様子を演じながら、センターラインを一周して退場。 お母さんは、やっとオオカミを見つけました！ お母さんは、オオカミのおなかをはさみでジョキジョキジョキ！ 子ヤギたちを助け出しました。
お母さん	子ヤギたち、出ておいで。○○ちゃん…。 ＊子ヤギ一人ずつ名前を呼ぶ。 ――子ヤギたち、上手から登場。センターラインに並ぶ。
ナレーター	子ヤギたち、助かって本当によかったね。これで○○組の発表を終わります。 （おしまい）

「オオカミと7匹の子ヤギ」楽譜集

逃げろ、待て待ての曲
[トラックナンバー 5]

お母さん行進曲
[トラックナンバー 6]

COLUMN ❷

「作品選びや練習の進め方について」

まず初めは、普段の保育の中で、子どもたちが喜んで見たり聞いたりしているなじみのあるお話から考えてみましょう。
＊保育の中でのねらいから、どうしても「このお話」というものがある場合は、前々からその作品に十分に親しんでおきましょう。

作品選び

子どもたちに人気のお話は、そのときの活動やクラスで盛り上がっているテーマと関連していることもあるでしょう。
日常の子どもの姿を観察する中で、お話をリストアップし、よく読み込んで内容をチェックします。
お話がおもしろくても、舞台化には向かないものもあります。子どもの年齢や発達も考慮しましょう。

[内容のチェックポイント]
❶場面がどのくらい変化するのか。
❷お話の中の時間の流れが長いのか短いのか。
❸登場人物の数が多いか少ないか。
❹登場人物の掛け合いが単純か複雑か。
❺舞台で表現することが可能かどうか。

練習の進め方（オペレッタの場合）

お話の内容把握→パート練習→全体練習と進めていくとよいでしょう。

❶お話を繰り返し読み聞かせ、子どもたちは大筋を把握する。
❷お話にそって、順々に歌を覚える。
❸お話にそって、保育者と子どもたちで場面ごとにセリフを反復して言ってみることにより、どんなセリフがあるのかを知る。
❹役柄ごとにパートごとの立ちげいこをする。（いきなり全員での立ちげいこをすると、子どもたちはチンプンカンプン。）ここで舞台での役柄の動きや移動、セリフのタイミングを知る。
❺全員での通しげいこをする。このときに、全体的な流れや動き、移動などの立ち位置がつかめてくる。また、役同士の絡み合いや掛け合いの様子も見えてくる。

カラスと水差し

0〜1歳児向き

あそび疲れてのどが渇いた子ガラスたち。水差しを見つけましたが、水が少ししか入っていません。さて、どうしたらいいでしょう？　知恵を絞って考えます。

登場人物と衣装

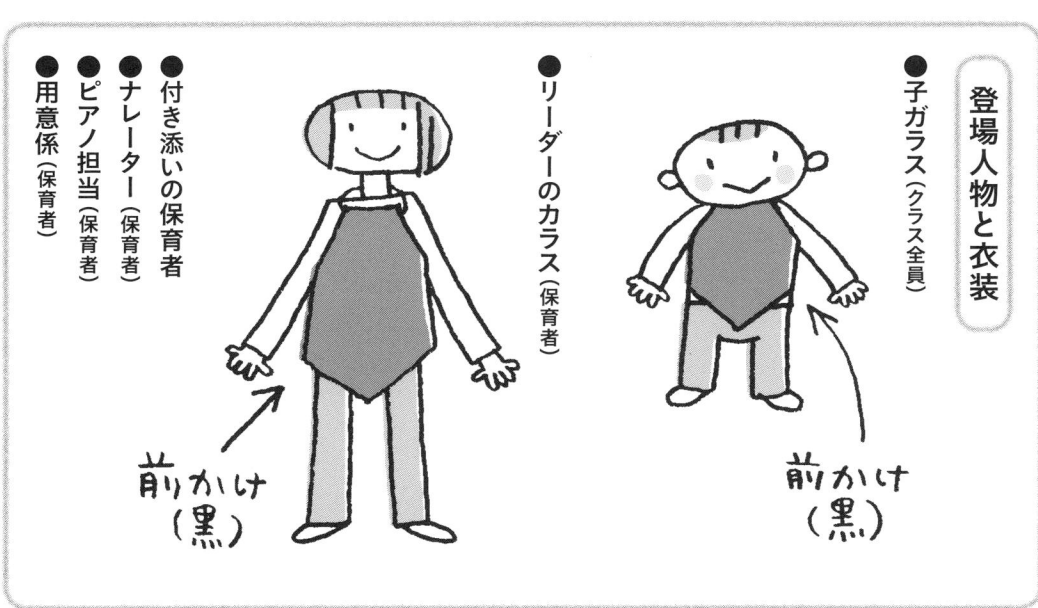

- 子ガラス（クラス全員）
- リーダーのカラス（保育者）
- 付き添いの保育者
- ナレーター（保育者）
- ピアノ担当（保育者）
- 用意係（保育者）

小道具

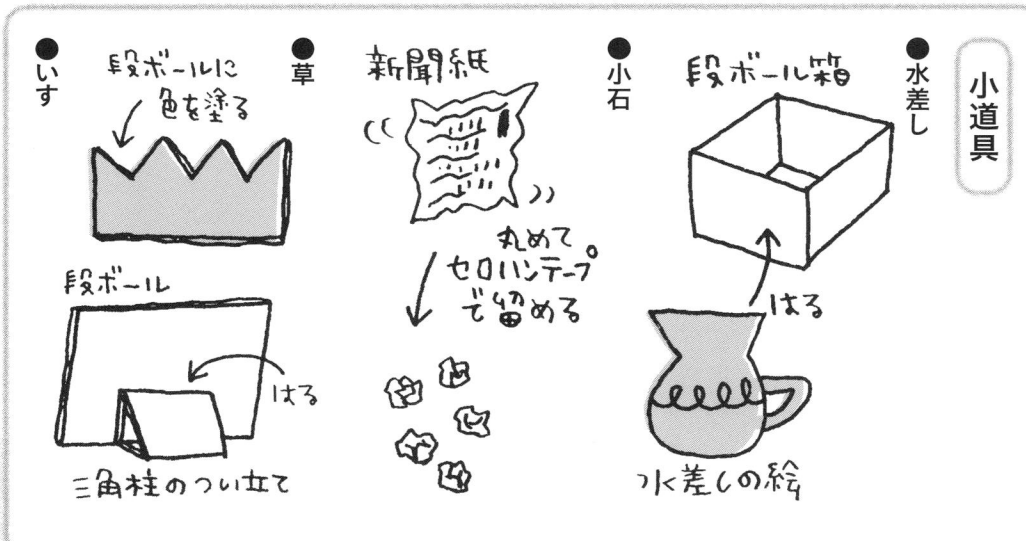

- 水差し
- 小石
- 新聞紙
- 草
- いす

舞台設定

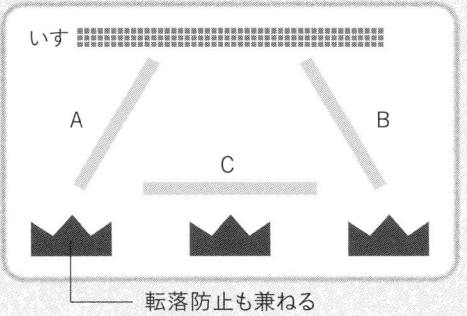

いすをセットする。動く位置の目安として、カラーテープなどをはっておく。転落防止用に、ステージ最前列に草を置く。

楽譜は18ページにあります。

発表のしかた

― 子ガラスたち、いすに座っている。
＊座れない乳児は保育者が抱っこする。

ナレーター　○○組は、イソップのお話から「カラスと水差し」を発表します。かわいい子ガラスになってがんばりますので、応援よろしくお願いします。子ガラスたちは、とっても元気。今日もみんなであそんでいます。

付き添いの保育者　「♪カアカアカラス」一番を歌う。

♪①カアカアカラス
　みんなでげんきに　あそぶ
　カアカアカアカラス
　チョコチョコチョコチョコ　あそぶ
　チョコチョコチョコチョコ　あそぶ
　ピョコピョコピョン　チョンチョンチョン
　ピョコピョコチョンチョン　あそぶ

― 子ガラスたち、舞台中央で歩いたり跳んだり、はいはいしたりして自由に動く。(動き回るのが難しい場合は、保育者が抱っこ。) 歌が終わったら、いすに戻って座る。

― 用意係、舞台中央に水差しを置き、小石を散らす。

ナレーター　たくさんあそんで、子ガラスたちはのどが渇いてきました。お水が飲みたいなと思い、見てみると、水差しがひとつありました。でも、くちばしが届きません。中には少しの水しか入っていなくて、くちばしが届きません。子ガラスたちは一生懸命考えましたよ。

― 付き添いの保育者、「♪ウーンどうしよう」を歌う。

♪ウーンウーン　どうしよう
　ウーンウーン　どうしよう
　ウーンウーン　どうしよう

― 子ガラスたち、いすに座って両腕を胸に抱え、歌に合わせて体を左右に揺らす。

ナレーター　子ガラスたちは、よいことを思いつきました。小石を上げてくちばしが届くようにしようと考えました。子ガラスたちは、小石をたくさん拾って、水差しの中に入れますよ。

リーダーのカラス ──さあ、みんなで石拾いをしますよ。がんばれー！

付き添いの保育者 ──付き添いの保育者、「♪カアカアカラス」2番を歌う。

♪②カアカア　カラス
　カアカア　カラス
　みんなでげんきに　はこぶ
　チョコチョコチョコチョコ　はこぶ
　チョコチョコチョコチョコ　はこぶ
　ピョコピョコピョン　チョンチョンチョン
　ピョコピョコチョンチョン　はこぶ

──子ガラスたち、小石を拾って中央の水差しに入れていく。（普段のお片づけのように、みんなで石を拾い、各自で水差しの中に入れる。）曲が終わったら、水差しの周りに座る。

ナレーター　どうやらお水が飲めるくらい、水かさが上がったようです。子ガラスは順番にお水を飲みますよ。初めは、○○ちゃんカラスが飲みます。

──名前を呼ばれた子から順に、リーダーとともに水差しから水をすくって飲むまねをする。終わった子どもから順にいすに座って待つ。

ナレーター　みんなでお水が飲めて、本当によかったね。これで○○組の発表を終わります。

（おしまい）

「カラスと水差し」楽譜集

COLUMN ③

「発表会の見通しをもつために」

日常の園での生活にリズムがあるように、あそびや練習もリズムをもって行えるとよいでしょう。

1 本番直前までどのように進めるか、子どもたちに見えるよう、スケジュール表のような形ではり出してみましょう。「○月に○○の発表だね」「あと○日で発表会だね」などと、子どもたちと一緒に見ながら、発表会までの期間を、見通しをもって楽しめるとよいですね。

2 スケジュール表のほかに、子どもたちの見えるところにデイリープログラムをはっておくと、1日の見通しがもてます。「○○の後に練習だね」「練習の後には○○があるよ」など、おおよその予定がわかると、練習にめりはりがつきやすいでしょう。年長児には、時計を利用して「○○の役は○時までやる予定だよ」などと予告し、時間に興味をもてるようにかかわっていくのも大切です。

町のネズミと田舎のネズミ

1〜2歳児向き

田舎がつまらない町のネズミ。田舎のネズミを町に招待しますが、田舎のネズミは騒々しいのが苦手。お互い住み慣れたところが一番ですね！

登場人物と衣装

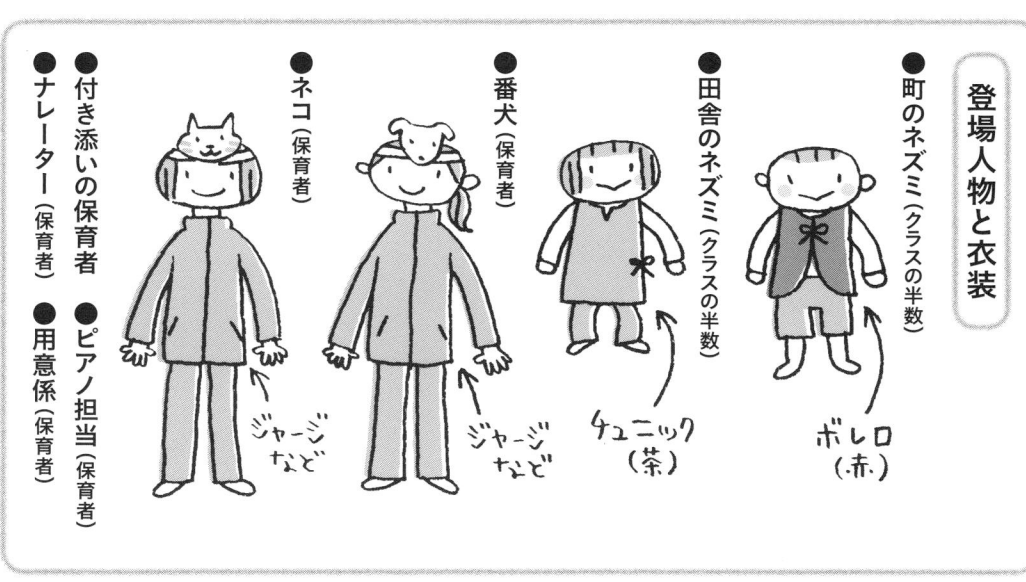

- 町のネズミ（クラスの半数）／ボレロ（赤）
- 田舎のネズミ（クラスの半数）／チュニック（茶）
- 番犬（保育者）／ジャージなど
- ネコ（保育者）／ジャージなど
- 付き添いの保育者
- ナレーター（保育者）
- ピアノ担当（保育者）
- 用意係（保育者）

＊ネズミの配役は、それぞれ同じくらいの人数にしましょう。

小道具

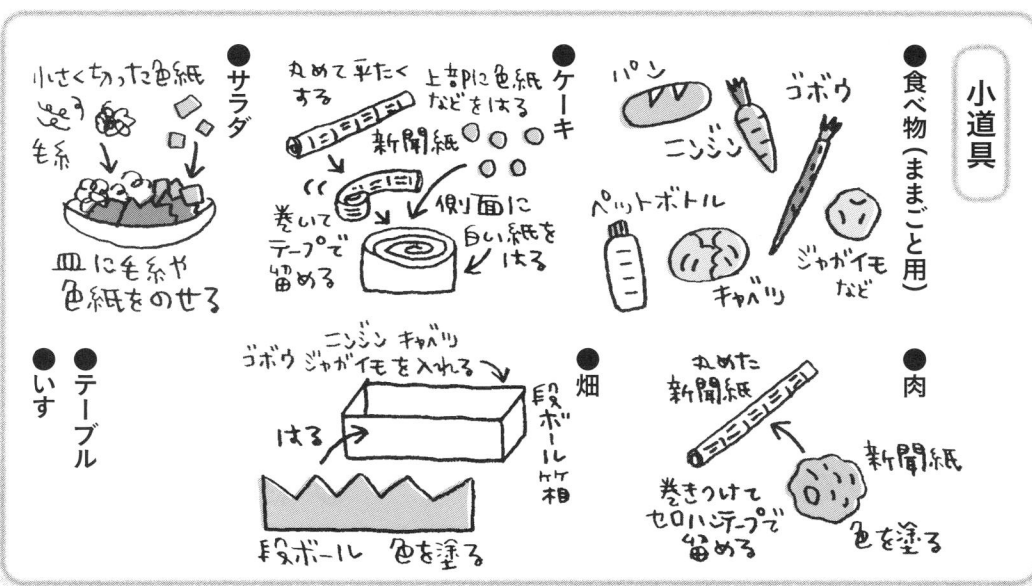

- 食べ物（ままごと用）：パン、ニンジン、ゴボウ、ペットボトル、キャベツ、ジャガイモなど
- 肉：丸めた新聞紙を巻きつけてセロハンテープで留める、新聞紙、色を塗る
- ケーキ：丸めて平たくする、上部に色紙などをはる、新聞紙、巻いてテープで留める、側面に白い紙をはる
- サラダ：小さく切った色紙、毛糸、皿に毛糸や色紙をのせる
- 畑：ゴボウ・ニンジン・キャベツ・ジャガイモを入れる、段ボール箱、はる、段ボール、色を塗る
- テーブル
- いす

舞台設定

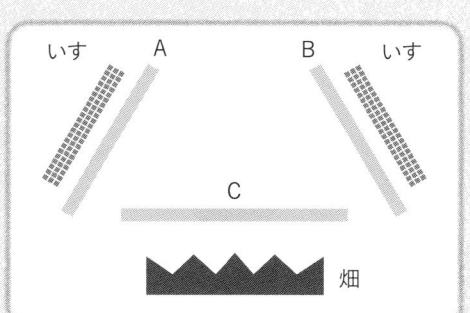

いす、畑をセットする。立ち位置を示すカラーテープなどをはっておく。

楽譜は23ページにあります。

発表のしかた

― 田舎のネズミ、Bラインのいすに座っている。

ナレーター
―○○組は、イソップのお話から「町のネズミと田舎のネズミ」を発表します。町のネズミにふんした子どもたちと、田舎のネズミにふんした子どもたちががんばりますので、応援してくださいね。ある日、田舎のネズミのところへ町のネズミがあそびにいくことになりました。初めての田舎なので、町のネズミはわくわくしながら遠い道のりを歩いていきましたよ。

付き添いの保育者
―♪①いなかへ いこう どんなくらし してるかな

（付き添いの保育者、「♪ネズミ行進曲」一番を2回繰り返して歌う。子どもも一緒に歌ってもよい。）

― 町のネズミ、上手から登場。「♪ネズミ行進曲」に合わせて、Cラインを通り、Aラインに並ぶ。

ナレーター
―「町のネズミくん、よく来たね。」と、田舎のネズミは町のネズミを畑に案内して、とれたてのおいしい野菜をごちそうしました。

― 田舎のネズミはBラインから、町のネズミはAラインからCラインに移動[図1]。並んで座り、畑の中に置いてある野菜を食べる動作。

ナレーター
―とれたての野菜はとても新鮮でおいしいのですが、調理されて味つけされたごちそうではありませんし、田舎はのんびりのどかだけれど何もないなあ…。町のネズミはそう思うと、なんだか少しつまらなくなりました。そこで、いろいろなものであふれている町へ、田舎のネズミを連れていくことにしました。

― 付き添いの保育者、「♪ネズミ行進曲」2番を2回繰り返して歌う。（子どもも一緒に歌ってもよい。）

付き添いの保育者
―♪②とかいへ いこう とかいへ いこう どんなくらし してるかな

― 町のネズミ・田舎のネズミの順に、「♪ネズミ行進曲」に合わせてCラインからAラインに移動し、一列に並ぶ。

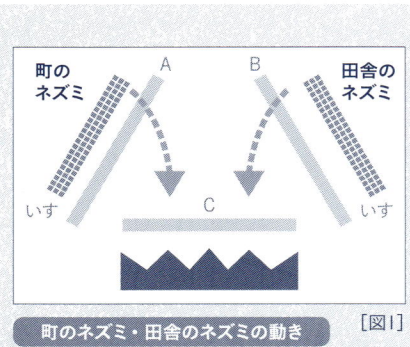

[図1] 町のネズミ・田舎のネズミの動き
町のネズミはAラインから、田舎のネズミはBラインからCラインへ移動する。

ナレーター	町に着きました。いろいろなごちそうやお菓子、飲み物がいっぱい。いいにおいであふれています。町のネズミは「好きなものを好きなだけ食べていいよ。ただし、人間たちに気づかれないようにね。」と言いました。町のネズミと田舎のネズミは、足音をたてないように、食べ物のところへ近づいていきますよ。
	─用意係、語りの間に、テーブルをBライン後ろのいすの前に設置し、テーブルの上に肉、サラダ、ケーキ、パン、ペットボトルなどを載せる。
	─町のネズミ・田舎のネズミ、足音をたてないように、「♪忍び足の曲」に合わせてAラインからBラインのテーブルに近づく[図2]。曲が終わったら、その場にしっかりと止まる。
	─番犬・ネコ、上手から登場。
番犬	ワンワンワン。
ネコ	ニャゴニャゴニャゴー!
ナレーター	たいへんです。番犬にいたずらなネコです! ネズミさんが食べられちゃう!
	─町のネズミ・田舎のネズミ、足音をたてないように、「♪逃げろの曲」に合わせて、舞台中央に戻る。番犬・ネコ、ネズミと追いかけっこするように動く。
ナレーター	ああ、怖かった。おいしいごちそうが食べたいネズミさんたちは、また食べ物があるテーブルに近づいていきましたよ。
	─町のネズミ・田舎のネズミ、足音をたてないように、「♪忍び足の曲」に合わせてAラインからBラインのテーブルに近づく[図2]。曲が終わったら、その場にしっかりと止まる。
ナレーター	ドタバタドタバタ。トントントン。カタカタカタカタ。今度は人間が近づいてきました。たいへん! ネズミさんたち、早く隠れて!
	─町のネズミ、田舎のネズミ、「♪逃げろの曲」に合わせて、舞台中央で自由に動きながら、再びAラインに戻る。
ナレーター	ああ、怖かった。心臓がドキドキドッキン! おいしいごちそうがたくさんあっても、こんなに怖い思いをしなければならないなんて…。田舎のネズミは、やっぱり

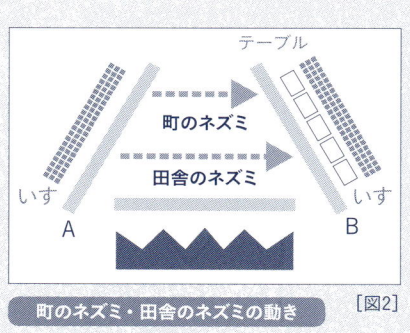

[図2] 町のネズミ・田舎のネズミの動き

「忍び足の曲」に合わせ、AラインからBラインのテーブルに近づく。

のんびりした田舎のほうがいいなと思いました。田舎のネズミは町のネズミに、「もう帰るよ。」と言って帰っていきました。

付き添いの保育者
――付き添いの保育者、「♪ネズミ行進曲」3番を2回繰り返して歌う。（子どもも一緒に歌ってもよい。）

♪③いなかへ いこう いなかへ いこう
　やっぱりいなか いいところ

――田舎のネズミ、「♪ネズミ行進曲」に合わせてAラインからCラインを通り、上手に退場［図3］。

――町のネズミ、Aラインのいすに座り、バイバイと手を振る。

ナレーター
――田舎のネズミ、上手から登場。Cラインに並ぶ。

町にも田舎にもいいところがあるけれど、やっぱり、それぞれに住み慣れたところがいいようです。町のネズミさんも田舎のネズミさんも、舞台でご挨拶しましょう。

――町のネズミ、AラインからCラインへ移動し、並ぶ。

ナレーター
これで○○組の発表を終わります。

（おしまい）

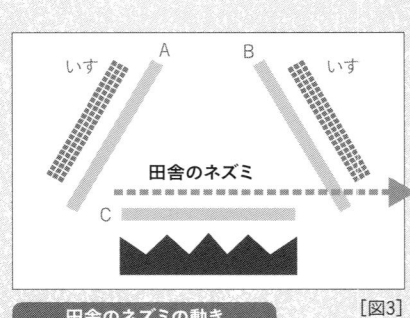

［図3］ 田舎のネズミの動き
「ネズミ行進曲」に合わせ、AラインからCラインを通って退場する。

「町のネズミと田舎のネズミ」楽譜集

COLUMN ④

「大道具・小道具について」

舞台の上で、いちばん生き生きと目立ってほしいのは子どもたちです。
道具や背景は、衣装同様、凝りすぎないようにしましょう。

1 大道具は大きすぎないよう小ぶりに、必要な物だけを作りましょう。

2 小道具は、園にあるままごと道具やままごと用の食べ物などを使ってもいいでしょう。

3 背景はお話のイメージができればよいものです。例えば「家」を作る場合、お話の展開から「家」の何が必要なのかを考え、いらない物は削ります。舞台いっぱいに広げる必要はありません。窓、暖炉、ドア、外壁など、家の一部を選んで簡略化したほうがすっきりして、見ている側も子どもたちの動きや表情に注目しやすいでしょう。

逃げ出したパンケーキ

1～2歳児向き

おいしく焼けたパンケーキ。でも、食べられるのがいやで、フライパンから逃げ出しますが…。最後はブタさんがパクリ！

登場人物と衣装

- パンケーキ（4名）
- おじさん（4名）　ボレロ（黄）
- オンドリ（4名）　ボレロ（青）　チョウネクタイ（赤）
- ブタ（4名）　ボレロ（ピンク）
- メンドリ（4名）　エプロン　スカーフ（赤）
- アヒル（4名）　チョウネクタイ（黄）

- 付き添いの保育者
- ナレーター（保育者）
- ピアノ担当（保育者）

＊配役の人数は目安です。それぞれ同じくらいの人数にしましょう。

小道具

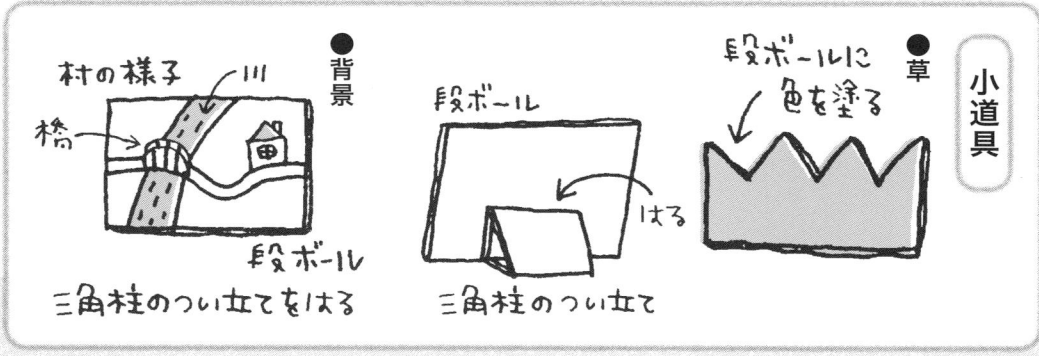

- 背景：村の様子／川／橋／田／段ボール／三角柱のついたてをはる
- 段ボール　三角柱のついたて　はる
- 草：段ボールに色を塗る

舞台設定

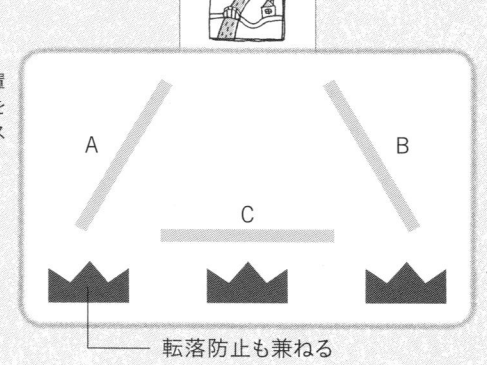

背景をセットする。立ち位置を示すカラーテープなどをはっておく。転落防止用に、ステージ最前列に草を置く。

転落防止も兼ねる

楽譜は29ページにあります。

発表のしかた

ナレーター
○○組は、ノルウェーのお話の「逃げ出したパンケーキ」を発表します。パンケーキが転がる様子、パンケーキを追いかける様子を、子どもたちが張り切って演じます。応援してくださいね。

ある日、お母さんが子どもたちのおやつに、おいしいパンケーキを焼きました。もう少しで出来上がり、というときに、パンケーキは「食べられるなんて、やなこった。逃げろー!」と、フライパンからポンッと飛び出しましたよ。

付き添いの保育者
―付き添いの保育者、「♪逃げろパンケーキ」を歌う。(子どもも一緒に歌ってもよい。)

♪にげろやにげろ
コロコロパンケーキ
たべられるのは イヤだから
コロコロコロコロ
にげろやにげろ

ナレーター
―パンケーキがコロコロ逃げている。「♪逃げろパンケーキ」に合わせて、小走りでCライン、Aラインを通り、Bラインに並ぶ[図1]。

―おじさん、上手から登場。「♪おじさん行進曲」に合わせて、Cラインを通り、Aラインに並ぶ。

おじさんが「うまそうなパンケーキだなあ。どれどれ食べてみよう。」と言うと、パンケーキはびっくり。「やなこった!」と逃げ出しました。おじさんが後を追いかけますよ。

付き添いの保育者
―付き添いの保育者、「♪逃げろパンケーキ」を歌う。(子どもも一緒に歌ってもよい。)

♪にげろやにげろ
コロコロパンケーキ
たべられるのは イヤだから
コロコロコロコロ
にげろやにげろ

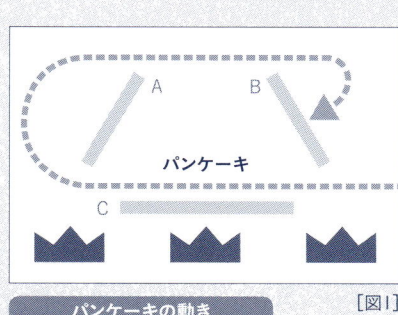

パンケーキの動き

[図1]

「逃げろパンケーキ」に合わせ、上手からCライン→Aラインを通ってBラインに並ぶ。

ナレーター	おじさんから逃げ出してほっとしたパンケーキのところへ、今度はオンドリがやってきましたよ。 ――オンドリ、上手から登場。「♪鳥の行進曲」に合わせて、Cラインを通り、Aラインに並ぶ。
ナレーター	オンドリが「おいしそうなパンケーキだなあ。どれどれ食べてみよう。」と言うと、パンケーキはびっくり。「やなこった!」と、逃げ出しました。オンドリはパンケーキの後を追いかけます。 ――付き添いの保育者、「♪逃げろパンケーキ」を歌う。(子どもも一緒に歌ってもよい。)
付き添いの保育者	♪にげろやにげろ　コロコロパンケーキ 　たべられるのは　イヤだから 　コロコロコロコロ 　にげろやにげろ ――パンケーキ、「♪逃げろパンケーキ」に合わせて、小走りでBラインからCライン、Aラインを通って、再びBラインに並ぶ[図2]。 ――オンドリ、パンケーキを追いかけるように、AラインからBラインを通り、上手に退場。
ナレーター	パンケーキがオンドリからも逃げ出して、ほっとしているところへ、アヒルがやってきましたよ。 ――アヒル、上手から登場。「♪鳥の行進曲」に合わせて、Cラインを通って、Aラインに並ぶ。
ナレーター	アヒルも「おいしそうなパンケーキ。どれどれ食べてみよう。」と言うと、パンケーキはまたまたびっくり。「やなこった!」と逃げ出しました。アヒルも後を追いかけます。

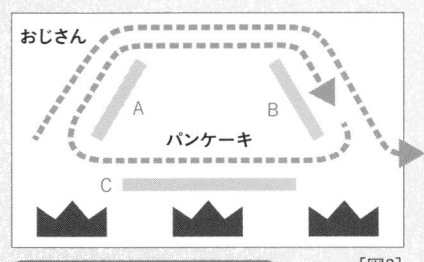

[図2]

パンケーキの動き
「逃げろパンケーキ」に合わせ、BラインからCライン→Aラインを通ってBラインに戻る。

おじさんの動き
パンケーキを追いかけるように、AラインからBラインを通って上手に退場する。
＊オンドリ、アヒル、メンドリも同様に行う。

付き添いの保育者	——付き添いの保育者、「♪逃げろパンケーキ」を歌う。(子どもも一緒に歌ってもよい。)
ナレーター	♪にげろやにげろ　コロコロパンケーキ　たべられるのは　イヤだから　コロコロコロコロ　にげろやにげろ ——パンケーキ、「♪逃げろパンケーキ」に合わせて、小走りでBラインからCラインを通って、再びBラインに並ぶ［P.26図2］。 ——アヒル、パンケーキを追いかけるように、AラインからBラインを通り、上手に退場。
ナレーター	——アヒルからもやっと逃げ出して、パンケーキはほっとするのもつかの間、今度はメンドリがやってきましたよ。 ——メンドリ、上手から登場。「♪鳥の行進曲」に合わせて、Cラインを通り、Aラインに並ぶ。
付き添いの保育者	♪にげろやにげろ　コロコロパンケーキ　たべられるのは　イヤだから　コロコロコロコロ　にげろやにげろ ——付き添いの保育者、「♪逃げろパンケーキ」を歌う。(子どもも一緒に歌ってもよい。)
ナレーター	——メンドリが、「まあ、おいしそうなパンケーキだこと。少しかじってみましょう。」と言うので、パンケーキは「やなこった！」と逃げ出しました。メンドリは、「わたしのパンケーキ、待ちなさーい！」と、後を追いかけました。 ——パンケーキ、「♪逃げろパンケーキ」に合わせて、小走りでBラインからCラインを通って、再びBラインに並ぶ［P.26図2］。 ——メンドリ、パンケーキを追いかけるように、AラインからBラインを通り、上手に退場。
ナレーター	——パンケーキがメンドリから逃げていくと、ブタが川岸を歩いてきました。

ナレーター　――ブタ、上手から登場。「♪ブタさん行進曲」に合わせて、Cラインを通り、Aラインに並ぶ[図3]。

　――パンケーキは川の向こうに渡りたいけれど、水にぬれてしまうのは困るなあと思いました。するとブタは、「ぼくの鼻の上に乗れば、水を渡れるさ。」と言いました。パンケーキは喜んで、ピョンピョン跳ねて、ブタの鼻の上に乗ろうとしました。
　――パンケーキ、「♪ピョンピョンピョン」に合わせて、両足跳びでBラインからAラインのブタの前まで行く[図3]。観客のほうを向いて体操座りをする。(立っているブタの前に座る。)

ナレーター　パクリッ。ムシャムシャ。ゴックン。元気よく跳ねたパンケーキは、何とびっくり！ブタの鼻の上ではなく、口の中へと飛び込んでしまいました。ブタはパンケーキをおいしそうにペロリと食べてしまいましたとさ。
　――ブタ、パンケーキを食べる動作。

ナレーター　パンケーキさん、ブタさん、一列に並んでご挨拶しましょう。
　――パンケーキ・ブタ、Cラインに並び、「♪起立・礼・直れの曲」に合わせて一礼し、下手に退場。

ナレーター　メンドリさん、アヒルさん、オンドリさん、おじさん、上手から登場。Cラインに並び、「♪起立・礼・直れの曲」に合わせて一礼しましょう。
　――メンドリ・アヒル・オンドリ・おじさん、上手から登場。Cラインに並び、「♪起立・礼・直れの曲」に合わせて一礼し、下手に退場。

ナレーター　これで○○組の発表を終わります。

（おしまい）

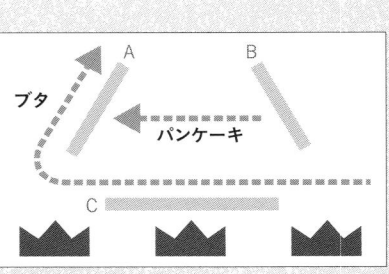

[図3]

ブタの動き
「ブタさん行進曲」に合わせ、上手から登場し、Cラインを通ってAラインに並ぶ。

パンケーキの動き
「ピョンピョンピョン」に合わせ、BラインからAラインのブタの前に並ぶ。

「逃げ出したパンケーキ」楽譜集

2〜3歳児向き

赤ずきん

病気のおばあちゃんのお見舞いに出かけた赤ずきん。オオカミはおばあちゃんをだましてパクリ。そして赤ずきんも…。そこへ狩人がやってきて2人を助けます。

登場人物と衣装

- 赤ずきん（女児全員）
- 狩人（男児全員）
- オオカミ（保育者）
- 付き添いの保育者
- ナレーター（保育者）
- ピアノ担当（保育者）

小道具

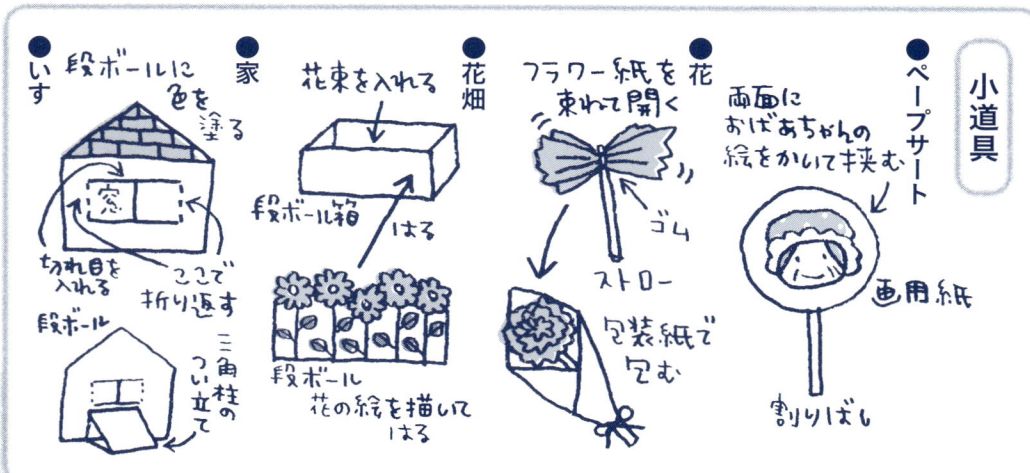

- いす
- 家
- 花畑
- 花束
- ペープサート

舞台設定

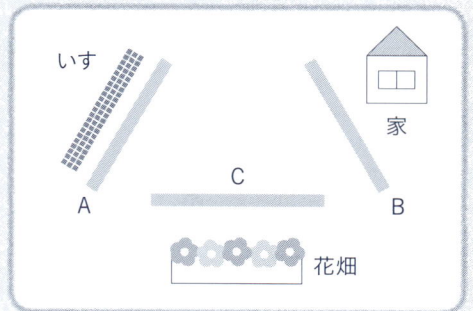

いす、花畑、家をセットする。立ち位置を示すカラーテープなどをはっておく。

楽譜は34ページにあります。

発表のしかた

○○組は、グリム童話の「赤ずきん」を発表します。女の子は赤ずきんちゃんに、男の子は狩人さんになってがんばりますので、応援してくださいね。ここは、赤ずきんちゃんのおばあちゃんが住んでいる森の中です。時々、おなかをすかせたオオカミが、うろちょろしています。

ナレーター
──オオカミ、上手から登場。♪「オオカミ行進曲」に合わせてCラインを一周し、上手に退場。

赤ずきんちゃんは、おばあちゃんの病気のお見舞いにひとりで行くことになり、森の小道を歩いていますよ。
──赤ずきん、上手から登場。♪「赤ずきん行進曲」に合わせてCラインに並び、座る[図1]。

ナレーター
赤ずきんちゃんは、病気のおばあちゃんに喜んでもらおうと、花畑でお花を摘み始めました。オオカミはその様子を見て、森の中のおばあちゃんの家に先回り。
──赤ずきん、花畑の中から花をとる[図1]。

オオカミ
しー。
──オオカミ、人差し指を口元に当て、抜き足差し足で上手に退場。

ナレーター
──オオカミ、赤ずきんの後ろを一周し、上手に退場。

「おばあちゃん、赤ずきんよ。開けて。」よく来たね、赤ずきん。」オオカミは赤ずきんちゃんのふりをして、おばあちゃんの家に入りました。すると…「パクリッ」(少し怖そうに言う。)オオカミは、おばあちゃんを一のみにしてしまいました。何も知らない赤ずきんちゃんは花を持って、おばあちゃんの家に向かいました。
──赤ずきん、「♪赤ずきん行進曲」に合わせてCラインからAラインに移動し、いすに座る[図1]。

付き添いの保育者
付き添いの保育者、「♪お話」1番を歌う。(子ども一緒に歌ってもよい。)
♪①おばあちゃんたら　おばあちゃん
　なんだかいつもと　ちがってる
　どうしておみみが　おおきいの？

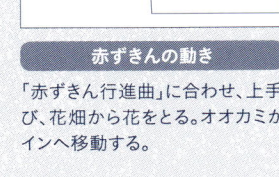

[図1] 赤ずきんの動き
「赤ずきん行進曲」に合わせ、上手からCラインに並び、花畑から花をとる。オオカミが退場したら、Aラインへ移動する。

オオカミ	──赤ずきん、「♪お話」１番に合わせて、いすに座ったまま体を大きく左右に揺らす。
	♪②あかずきんたら あかずきん それはねあなたの そのこえを よくよくきくため おおきいの
付き添いの保育者	──付き添いの保育者、「♪お話」の２番を歌う。
	♪③おばあちゃんたら おばあちゃん なんだかいつもと ちがってる どうしておめめが おおきいの？
オオカミ	──赤ずきん、「♪お話」３番に合わせて、いすに座ったまま体を大きく左右に揺らす。
	♪④あかずきんたら あかずきん それはねあなたの そのおかお よくよくみるため おおきいの
付き添いの保育者	──オオカミ、家の横からペープサートを出して、「♪お話」４番を歌う。
	♪⑤あかずきんたら おばあちゃん なんだかいつもの おかあさん どうしておくちが おおきいの？
オオカミ	──赤ずきん、「♪お話」５番に合わせて、いすに座ったまま体を大きく左右に揺らす。（子どもも一緒に歌ってもよい。）
	♪⑥あかずきんたら あかずきん それはねあなたの そのからだ パクパクムシャムシャ たべるため
ナレーター	──オオカミ、家の横からペープサートを出して、「♪お話」６番を歌う。
	たいへんです！
	──赤ずきん、「♪逃げろの曲」に合わせて、いすから立ち上がり、Ａラインから上手に退場。

ナレーター	——オオカミ、家から出て、赤ずきんを追うように上手に退場。
ナレーター	「パクリッ。」（怖そうに言う。）オオカミは、赤ずきんちゃんも一のみにしてしまいました。狩人さーん、狩人さーん、赤ずきんちゃんとおばあちゃんを助けてくださいな。
ナレーター	——狩人、上手から登場。「♪狩人行進曲」に合わせてCラインに並ぶ［図2］。 狩人さんは、オオカミに気づかれないようにそっと様子を見ましたよ。
ナレーター	——狩人、Cラインで「♪狩人行進曲」（リピートなしで、ゆっくりめ）に合わせて、口元に人差し指を当てながら、1、2小節でゆっくり前進。3、4小節でゆっくり後退。5、6小節で右回りでその場を一周。7、8小節で左回りでその場を一周。腕組みをして立つ。 狩人さんは、勇気をもって、オオカミに近づいていきました。
ナレーター	——狩人、ナレーションが終わったら、「♪狩人行進曲」に合わせて、Cラインから Aライン、Bラインを通って上手に退場［図2］。 ジョキ、ジョキ、ジョキ。狩人はオオカミを見つけ、おなかをはさみで切りました。すると、赤ずきんちゃんがポンッと飛び出し、続いておばあちゃんも無事に出てきました！
ナレーター	——赤ずきん、上手から登場。「♪赤ずきん行進曲」に合わせて、Cラインに並ぶ。 ——狩人、上手から登場。「♪狩人行進曲」に合わせて、赤ずきんの隣に並ぶ。 狩人さん、助けてくれてありがとう。おばあちゃんは…、ほらね、元気ですよ。
ナレーター	——付き添いの保育者、窓を開けて、ペープサートを出す。 これで、○○組の発表を終わります。

（おしまい）

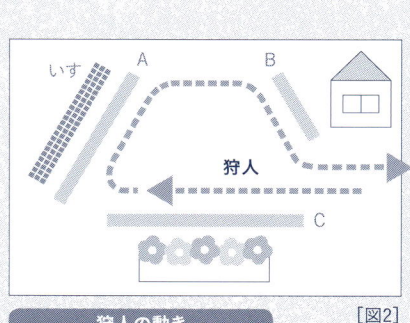

［図2］

狩人の動き

「狩人行進曲」に合わせ、上手からCラインに並ぶ。ナレーションが終わったら、CラインからAライン→Bラインを通って上手に退場する。

「赤ずきん」楽譜集

COLUMN ❺

「登場人物や配役について」

お話は、
❶同じ動きを何度も繰り返し展開していくもの　❷次々にいろいろなことが起こり、大きく展開していくもの
などがあります。

1 年齢が低い場合は、お話の展開がシンプルで繰り返しが多い❶のタイプが子どもたちは演じやすいでしょう。共通のセリフや動きが役を超えてあるので、一緒に覚えられます。

2 ❷の場合、役ごとにセリフや動きが違うことが多いです。お話もやや複雑になるので、年齢プラス1くらいの役数を目安に考えるとよいでしょう。
（3歳児なら4役、4歳児なら5役、5歳児なら6役程度。）

3 プロのお芝居は1人1役ですが、幼児の発表会の場合、❷の場合でも1役＝数人、主役も複数で演じることをおすすめします。同じ役の子の数を増やして、一緒にセリフをいったり同じ動きをしたりすれば、子どももわかりやすく負担も少ないです。
また、いざ本番であがってしまったり、当日体調を崩してしまうことなども想定されますね。複数だと子ども同士でカバーでき、ひとりひとりの負担も軽く、楽しむことができるでしょう。

ただし、これはあくまで目安なので、この本で紹介している配役や人数にこだわることなく、園やクラスの状況に応じて、臨機応変に対応しましょう。

ネズミの嫁入り

2~3歳児向き

かわいいネズミの女の子が結婚相手を探しています。世界で一番えらいのはだれ? それはお日様でも雲さんでも風さんでも壁さんでもなく、ネズミくんでした!

登場人物と衣装

*配役はの人数は目安です。それぞれ同じくらいの人数にしましょう。

小道具

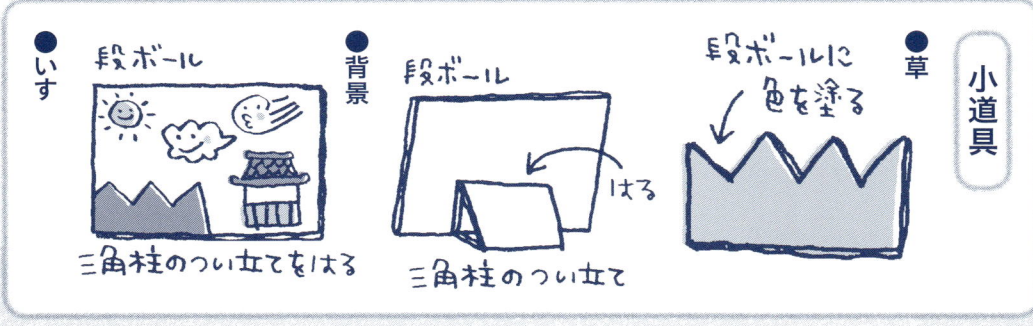

舞台設定

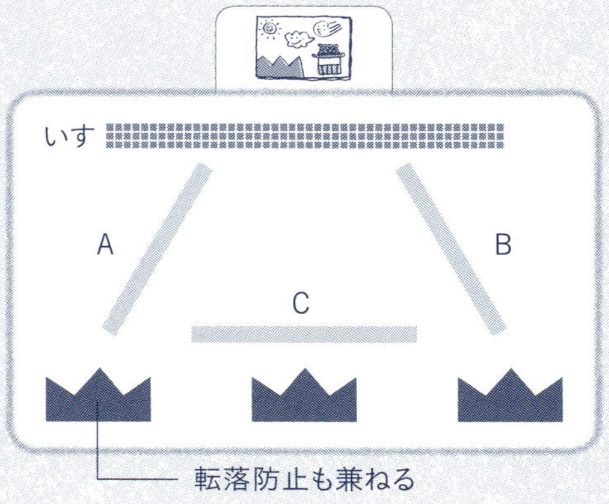

背景、いすをセットする。
立ち位置を示すカラーテープなどをはっておく。
転落防止用に、ステージ最前列に草を置く。

— 転落防止も兼ねる

楽譜は41ページにあります。

発表のしかた

ナレーター
○○組は、日本の昔話から「ネズミの嫁入り」を発表します。かわいいネズミの女の子やお日様、風さん、雲さん、壁さん、ネズミくんなど、役になり切ってがんばりますので、応援してくださいね。
昔々のお話です。あるところに、それはかわいらしいネズミの女の子がいました。ネズミの女の子は、「強くてえらい方のお嫁さんになりたいわ。」と考えていました。

付き添いの保育者
—付き添いの保育者、「♪ネズミの女の子の行進曲」を歌う。(子ども一緒に歌ってもよい。)
♪チュチュチュ チュチュチュ
 ネズミの おんなのこ
 だれの およめさんに なるのかな
—ネズミの女の子、上手から登場。「♪ネズミの女の子の行進曲」に合わせて、Cラインを通り、Aラインに並ぶ。
—お日様、上手から登場。「♪お日様」に合わせて、両手をきらきらさせながら、Bラインに並ぶ。

付き添いの保育者
—付き添いの保育者、「♪プロポーズ」1番を歌う。
♪①おひさま このよでいちばん えらいかた
 おねがい わたしと けっこんしてね
—ネズミの女の子、「♪プロポーズ」1番に合わせて手をつなぎ、16拍で少しずつ前進し、次の16拍でAラインに戻る[図I]。(はないちもんめの要領。)

付き添いの保育者
—付き添いの保育者、「♪プロポーズ」2番を歌う。
♪②いえいえ このよでいちばん えらいかた
 それは くもさん ぼくじゃないよ
—お日様、「♪プロポーズ」2番に合わせて手をつなぎ、次の16拍でBラインに戻る[図I]。(はないちもんめの要領。)曲が終わったらBラインから奥のいすへ移動し座る。

ナレーター
まあ驚いた。お日様がいちばんえらいなんて。ネズミの女の子は雲さんのところへ行って、聞いてみることにしましたよ。

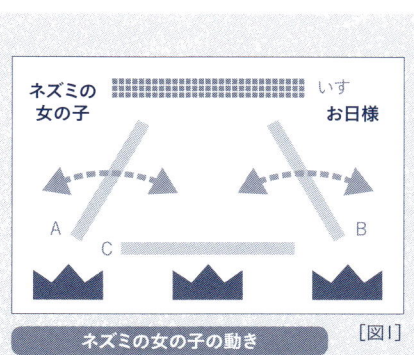

[図I]

| ネズミの女の子 | | いす お日様 |

ネズミの女の子の動き
「プロポーズ」1番に合わせて前進し、戻る。

お日様の動き
「プロポーズ」2番に合わせて前進し、戻る。
＊雲は4番、風は6番、壁は8番に合わせて同様に行う。

付き添いの保育者

—付き添いの保育者、「♪ネズミの女の子の行進曲」を歌う。（子どもも一緒に歌ってもよい。）

♪チュチュチュチュ チュチュチュチュ
ネズミの おんなのこ
だれの およめさんに なるのかな

—ネズミの女の子、「♪ネズミの女の子の行進曲」に合わせて、AラインからCラインを一周して、再びAラインへ戻る。

—雲、上手から登場。「♪雲さん」に合わせて小走りで両手でかいぐりをしながら、Bラインに並ぶ。

付き添いの保育者

—付き添いの保育者、「♪プロポーズ」3番に合わせて手をつなぎ、16拍で少しずつ前進し、次の16拍でAラインに戻る［P.37図Ⅰ］。（はないちもんめの要領。）

♪くもさん このよでいちばん えらいかた
おねがい わたしと けっこんしてね

—ネズミの女の子、「♪プロポーズ」3番を歌う。

付き添いの保育者

♪いいえ このよでいちばん えらいかた
それは かぜさん ぼくじゃないよ

—付き添いの保育者、「♪プロポーズ」4番を歌う。

ナレーター

—雲、「♪プロポーズ」4番に合わせて手をつなぎ、16拍で少しずつ前進し、次の16拍でBラインに戻る。（はないちもんめの要領。）曲が終わったら、Bラインから奥のいすへ移動し座る。

—まあ驚いた。雲さんを吹き飛ばす風さんがいちばんえらいなんて。ネズミの女の子は風さんのところへ行って、聞いてみることにしましたよ。

付き添いの保育者

—付き添いの保育者、「♪ネズミの女の子の行進曲」に合わせて、（子どもも一緒に歌ってもよい。）

♪チュチュチュチュ チュチュチュチュ
ネズミの おんなのこ
だれの およめさんに なるのかな

—ネズミの女の子、AラインからCラインを一周して、再びAラインへ戻る。

付き添いの保育者

—風、上手から登場。「♪風さん」に合わせて、腕を翼のように広げ、小走りでBラインに並ぶ。

—付き添いの保育者、「♪プロポーズ」5番を歌う。

♪⑤かぜさん このよでいちばん えらいかた おねがい わたしと けっこんしてね

—ネズミの女の子、「♪プロポーズ」5番に合わせて手をつなぎ、16拍で少しずつ前進し、次の16拍でAラインに戻る[P.37図Ⅰ]。(はないちもんめの要領。)

付き添いの保育者

—付き添いの保育者、「♪プロポーズ」6番を歌う。

♪⑥いえいえ このよで いちばんえらいかた それは かべさん ぼくじゃないよ

—風、「♪プロポーズ」6番に合わせて手をつなぎ、16拍で少しずつ前進し、次の16拍でBラインに戻る。(はないちもんめの要領。)曲が終わったら、Bラインから奥のいすへ移動し座る。

ナレーター

まあ驚いた。風さんが吹いてもびくともしない壁さんがいちばんえらいなんて。ネズミの女の子は壁さんのところへ行って、聞いてみることにしましたよ。

付き添いの保育者

—付き添いの保育者、「♪ネズミの女の子の行進曲」を歌う。(子どもも一緒に歌ってもよい。)

♪チュチュチュチュ ネズミの おヨメさんに なるのかな
だれの およめさんに なるのかな

—ネズミの女の子、「♪ネズミの女の子の行進曲」に合わせて、AラインからCラインを一周して、再びAラインへ戻る。

—壁、上手から登場。「♪壁さん」に合わせて、両腕でガッツポーズをしながら、力強く床を踏みしめて歩き、Bラインに並ぶ。

付き添いの保育者

—付き添いの保育者、「♪プロポーズ」7番を歌う。

♪⑦かべさん このよでいちばん えらいかた おねがい わたしと けっこんしてね

—ネズミの女の子、「♪プロポーズ」7番に合わせて手をつなぎ、16拍で少しずつ前進し、次の16拍でAラインに戻る[P.37図Ⅰ]。(はないちもんめの要領。)

付き添いの保育者	♪⑧いえいえ このよでいちばん えらいかた 　　　　それは ネズミくん ぼくじゃないよ ——付き添いの保育者、「♪プロポーズ」8番を歌う。 ——壁、「♪プロポーズ」8番に合わせて手をつなぎ、16拍でBラインに戻る。（はないちもんめの要領。）曲が終わったら、Bラインから奥のいすへ移動し座る。
ナレーター	まあ驚いた。びくともしない壁さんに穴をあけるネズミがいちばんえらいなんて。 ネズミの女の子はネズミくんのところへ行って、聞いてみることにしました。
付き添いの保育者	♪チュチュチュチュ チュチュチュチュ 　　　ネズミの おんなのこ 　　　だれの およめさんに なるのかな ——付き添いの保育者、「♪ネズミの女の子の行進曲」を歌う。（子どもも一緒に歌ってもよい。） ——ネズミの女の子、「♪ネズミの女の子の行進曲」に合わせて、AラインからCラインを一周して、再びAラインへ戻る。 ——ネズミくん、上手から登場。「♪ネズミくん」に合わせて、両手を口元でパクパクとかじる動作をしながら小走りでBラインに並ぶ。
ナレーター	ネズミの女の子はネズミくんと結婚することになりました。よかったね。 ——ネズミの女の子・ネズミくん、ペアになり「♪結婚行進曲」に合わせてCラインに整列。お日様・雲はAラインに、風と壁はBラインに並ぶ。
ナレーター	これで○○組の発表を終わります。 （おしまい）

「ネズミの嫁入り」楽譜集

ネズミの女の子の行進曲 [トラックナンバー 23]

チュ チュ チュ チュ　チュ チュ チュ チュ　ネ ズ ミ の
おん なの こ　だ ー れ の　お よ め さん に　なる の か な

お日様 [トラックナンバー 24]

プロポーズ [トラックナンバー 25]

1. お　ひ　さ　い　ま　　　この よ で い ちば ん
2. い　け　さ　い　えん　　この よ で い ちば ん
3. く　も　え　さい　えん　この よ で い ちば ん
4. い　か　い　ぜ　さい えん　この よ で い ちば ん
5. い　か　い　え　さい えん　この よ で い ちば ん
6. い　え　え　さ　い　えん　この よ で い ちば ん
7. か　い　べ　さ　い　　　この よ で い ちば ん
8. い　　　え　　　い　え　この よ で い ちば ん

え　らい か　た　　お ね が い　わ た し と　けっ こん し て　ね よ ね
え　らい か　た　　そ ー れ は　く も さん　　ぼく じゃ な い　よ
え　らい か　た　　お ね が い　わ た し と　けっ こん し て　ね よ ね
え　らい か　た　　そ ー れ は　か ぜ さん　　ぼく じゃ な い　よ
え　らい か　た　　お ね が い　わ た し と　けっ こん し て　ね よ ね
え　らい か　た　　そ ー れ は　か べ さん　　ぼく じゃ な い　よ
え　らい か　た　　お ね が い　わ た し と　けっ こん し て　ね よ ね
え　らい か　た　　そ ー れ は　ネ ズミ くん　ぼく じゃ な い　よ

雲さん
[トラックナンバー 26]

風さん
[トラックナンバー 27]

壁さん
[トラックナンバー 28]

ネズミくん
[トラックナンバー 29]

結婚行進曲
[トラックナンバー 30]

PART 2

オペレッタ編

3・4・5歳児向き

「オペレッタ」は、幼児が「こうなってみたい」「こうしてみたい」などのあこがれや願望をかなえられる場でもあります。それは、普段の手あそび、歌あそび、ごっこあそびの延長線上にあるもので、子どもたちの想像の翼を大きく広げさせてくれるものです。同時に、力を合わせ、目標に向かって作り上げていく充実感や達成感、発表する喜びなどを味わうことができるでしょう。なりきって楽しみながらできるように、絵本や紙芝居などで、繰り返しお話にふれましょう。オペレッタを通して、大きな自信や成長を感じることができるといいですね。

3歳児向き

金のおの 銀のおの

きこりが沼に鉄のおのを落とすと、神様が金のおのを持って現れます。正直なきこりは金、銀、鉄のおのをもらいました。一方、欲張りなきこりは…。

登場人物と衣装

- ピアノ担当（保育者）
- 神様（7名）
  - 冠
  - 別の色紙をはる
  - チュニック（白）
- 欲張りなきこり（7名）
  - チュニック（黒）
- 正直なきこり（7名）
  - チュニック（水色）
  - ベルト（紺）
- 小鳥（7名）
  - アームバンド（黄）
  - チュニック（黄色）
  - すずらんテープをはる

＊配役の人数は目安です。それぞれ同じくらいの人数にしましょう。

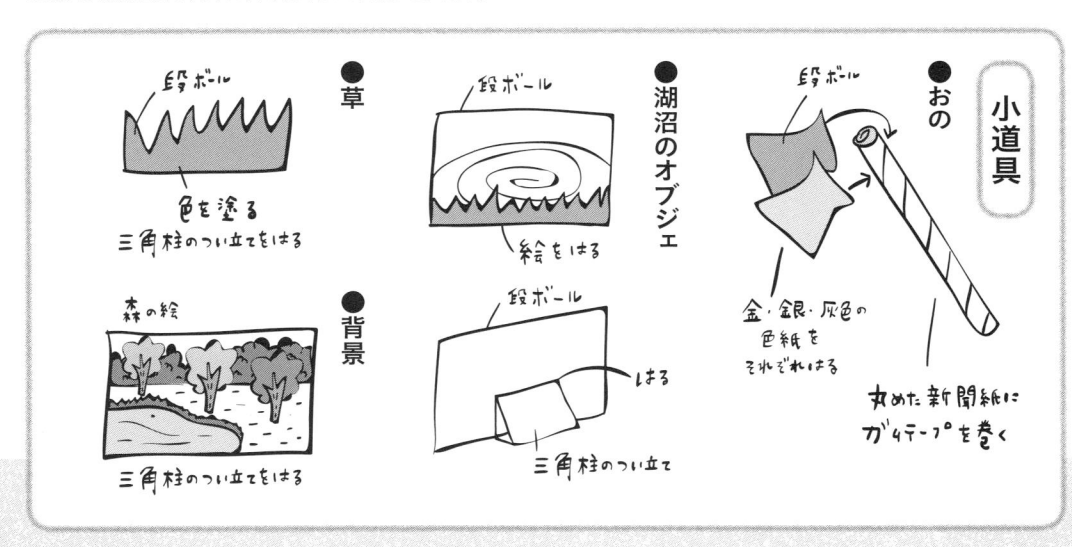

小道具

- おの
  - 段ボール
  - 金・銀・灰色の色紙をそれぞれはる
  - 丸めた新聞紙にガムテープを巻く
- 湖沼のオブジェ
  - 段ボール
  - 絵をはる
- 草
  - 段ボール
  - 色を塗る
  - 三角柱のつい立てをはる
- 背景
  - 森の絵
  - 三角柱のつい立てをはる
  - 段ボール
  - はる
  - 三角柱のつい立て

舞台設定

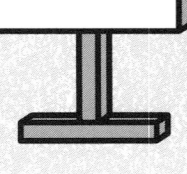

湖沼のオブジェ

A　　　B
　　C

転落防止も兼ねる

背景、湖沼のオブジェをセットする。立ち位置を示すカラーテープなどをはっておく。転落防止用に、ステージ最前列に草を置く。

楽譜は50ページにあります。

発表のしかた

小鳥全員
――小鳥全員、Cラインに並んで待つ。幕が上がったら、「♪小鳥の歌」を歌い踊る。

♪①ピチピチピピ ピチピチピー
　ピチピチピピ ピチピチピー
　おひさまにこにこ かおだして
　きこりがおのふる カンコンコン そろそろあのおと きこえるよ
♪ピチピチピピ ピチピチピー
　ピチピチピピ ピチピチピー
♪②ピチピチピピ ピチピチピー
　ピチピチピピ ピチピチピー
　きょうもせいだす おののおと
　きこりがおのふる カンコンコン ひぐれになるまで カンコンコン
　ぼくらもいっしょに はたらきものの おののおと
　ピチピチピピ いっしょにうたうよ ピチピチピー

踊り方

―番
❶ ♪ピチピチピピ ピチピチピー
両手で羽ばたきの動作。

❷ ♪おひさまにこにこ かおだして
両手をきらきらさせる。

❸ ♪そろそろあのおと きこえるよ
片ほうずつ耳のそばに手を当てる。

❹ ♪きこりがおのふる カンコンコン
前に出ながら拍手。

❺ ♪ひぐれになるまで カンコンコン
後ろに戻りながら拍手。
＊2番も同様に行う。

小鳥❶
――小鳥1、両手で羽ばたきの動作。
ぼくたち、小鳥。

小鳥❷
――小鳥2、両手をきらきらさせる。
歌うの大好き。

小鳥❸
――小鳥3、両手を口元に、「ヤッホー」のポーズをする。
応援するよ。

小鳥❹
――小鳥4、ガッツポーズをする。
がんばれと。

小鳥❺	──小鳥5、拍手4回。 ほらほら、来たよ。	
小鳥❻	──小鳥6、上手を指す。 それでは、あっちの森陰で、	
小鳥❼	──小鳥7、片手をおでこに当て、左右に揺れる。 見ていましょうね。ピピピー。	
	──小鳥全員、上手に退場。	
正直なきこり全員	──正直なきこり全員、「♪きこりの歌」1番を歌いながら、Cラインを通り、Aラインに並ぶ。2番で、上手から鉄のおのをかついで登場。Cラインを通り、Aラインに並ぶ。2番で、上手から鉄のおのを上下に振りながら歌う。 ♪①カンコンコン カンコンコン 　だいじなおのは これひとつ 　きょうもいちにち がんばろう ♪②カンコンコン カンコンコン 　だいじなおのは たからもの 　いっしょにはたらく カンコンコン	
正直なきこり❶	──正直なきこり1、鉄のおのを前に出す。 きこりの仕事、	
正直なきこり❷	──正直なきこり2、片手で鉄のおのを持ち、もう片方の手は腰に当てる。 がんばるぞ。	
正直なきこり❸	──正直なきこり3、自分を指す。 働き者は、	
正直なきこり❹	──正直なきこり4、おでこの汗をふく。 汗っかき。	
正直なきこり❺	──正直なきこり5、両手で鉄のおのを上にあげる。 おのをふったら、	
正直なきこり❻	──正直なきこり全員、振り返って、鉄のおのをAラインの上に置く。 ポッチャーン。	

46

踊り方

❶ ♪とんとん とんでもない

両手でバイバイと振る。

❷ ♪そんなにステキな おのじゃない

両手を腰に置き、首を横に振る。

正直なきこり❼
――正直なきこり7、両手をほおに当てる。
なんてこった。困ったなあ。
――正直なきこり全員、AラインからBラインへ移動［図Ⅰ］。
――神様全員、金と銀のおのを持って下手から登場。「♪湖沼の神様登場曲」に合わせて、Aラインに並び［図Ⅰ］、鉄のおのの横に銀のおのを置く。

神様❶
――神様1、金のおのを持つ。
あなたのおのは、これですか？
♪①とんとん とんでもない
そんなにステキな おのじゃない
――正直なきこり全員、「♪とんでもないの歌」1番を歌い踊る。

正直なきこり全員

神様❷
――神様2、銀のおのを持つ。（ほかは足下に置く。）
あなたのおのは、これですか？
♪②とんとん とんでもない
そんなにりっぱな おのじゃない
――正直なきこり全員、「♪とんでもないの歌」2番を歌い、1番と同様に踊る。

正直なきこり全員

神様❸
――神様3、鉄のおのを持つ。（ほかは足下に置く。）
あなたのおのは、これですか？
♪③それそれ それです
わたしのおのは それです
――正直なきこり全員、「♪とんでもないの歌」3番を歌い踊る。

正直なきこり全員

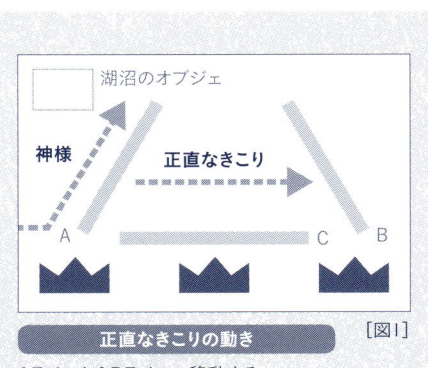

［図Ⅰ］
□ 湖沼のオブジェ
神様　正直なきこり
A　　　　C　B

正直なきこりの動き
AラインからBラインへ移動する。

神様の動き
「湖沼の神様登場曲」に合わせ、下手から登場し、Aラインに並ぶ。

踊り方

♪それそれ　それです

拍手8回。

♪わたしのおのは　それです

両手をきらきらする。

神様④	──神様、どうもありがとう。
正直なきこり全員	──神様全員、おのを3本持つ。 うそをつかないあなたには、3本全部あげましょう。
	──正直なきこり全員、神様のところへ歩み寄り、おのを受け取り、下手に退場。
	──神様全員、下手に退場。
欲張りなきこり全員	──欲張りなきこり全員、上手から登場。「♪見たぞ見たぞ」を歌いながら鉄のおのをかつぎ、♪のリズムでゆっくり歩きながらCラインを通り、Aラインに並ぶ。 ♪①みたぞみたぞ　ひかるおの　わたしもひかる　おのほしい 　どれどれさびた　おのなげて　ひかるおのを　いただこう ♪②みたぞみたぞ　ひかるおの　おのをなげれば　もらえるぞ 　きんきらひかる　おのならば　たかくうれるぞ　うっしっし
	──欲張りなきこり一、鉄のおのを前に出す。
欲張りなきこり❶	──きこりの仕事、大嫌い。
	──欲張りなきこり2、片手でいやいやをする。
欲張りなきこり❷	──汗かくなんて、大嫌い。
	──欲張りなきこり3、片手でおでこの汗をふく。
欲張りなきこり❸	──欲張りなきこり4、片手でいやいやをする。
欲張りなきこり❹	──やなこった。

欲張りなきこり❺	——欲張りなきこり5、鉄のおのを4回振る。いっせーのせ。
欲張りなきこり❻	——欲張りなきこり全員、振り返って、鉄のおのをAラインの上に置く。ポッチャーン！
欲張りなきこり❼	——欲張りなきこり7、両手をほおに当てる。困ったなあ。なんてこった。
	——欲張りなきこり全員、Aラインから下手へ移動。
	——神様全員、金と銀のおのを持って下手から登場。「♪湖沼の神様登場曲」に合わせて、Aラインに並び、鉄のおのの横に銀のおのを置く。
神様❺	——神様5、金のおのを持つ。あなたのおのは、これですか？
欲張りなきこり全員	——欲張りなきこり全員、「♪とんでもないの歌」3番を歌い踊る。♪③それぞれ それです わたしのおのは それです
神様❻	——神様6、片手で湖沼を指さす。さびたおのを投げたはず。
神様❼	——神様7、欲張りなきこり全員、おのを返してあげません。うそをついたあなたには、
全員	——神様全員、欲張りなきこり全員、下手から登場。小鳥全員・正直なきこり全員、Cラインに体操座り。神様全員・欲張りなきこり、その後ろに並ぶ[図2]。——小鳥全員、上手から登場。正直なきこり全員、Cラインに体操座り。——全員、「♪フィナーレ」を歌う。♪かみさまことりも みてました ふたりのきこりの することを しょうじきこりに ひかるおの よくばりきこりに だめだよよくばり うそつきは これでおはなし おわります さようなら
ナレーター	——これで○○組の発表を終わります。（おしまい）

[図2]

□ 湖沼のオブジェ

神様、欲張りなきこり
正直なきこり、小鳥

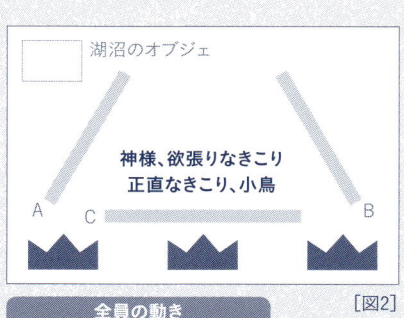

全員の動き
小鳥と正直なきこりはCラインに体操座り。神様と欲張りなきこりはその後ろに並ぶ。

「金のおの 銀のおの」楽譜集

小鳥の歌
[トラックナンバー 31]

1. ピチピ チピピピ　ピチピチピー　おひさまにこにこ　かおだして
2. ピチピ チピピピ　ピチピチピー　きょうもせいだす　おののおと

そろそろあのおと　きこえるよ　きこりがおのふる　カンコンコン　ひぐれになるまで　カンコンコン
はたらきもーのの　おののおと　ぼくらもいっしょに　ピチピチピー　いっしょにうたうよ　ピチピチピー

きこりの歌
[トラックナンバー 32]

1. カン コン コン　カン コン コン
2. カン コン コン　カン コン コン

だい じな おのは　これひとつ　きょうもいちにち　がん ばろう
だい じな おのは　たからもの　いっしょにはたらく　カン コンコン

湖沼の神様登場曲
[トラックナンバー 33]

とんでもないの歌　　[トラックナンバー 34]

1. とん とん とん でもない そんなにステキな おのじゃない
2. とん とん とん でもない そんなにりっぱな おのじゃない
3. それ それ それ です わたしのおのはー そーれ です

見たぞ見たぞ　　[トラックナンバー 35]

1. み たぞみたぞ ひかるおの わたしもひかるー おーのをなげれば
2. み たぞみたぞ ひかるおの

おのほしい どれどれさびーた おのなげて ひーかるおーのを いただこう
もらえるぞ きんきらひーかる おのならば たーかくうれるぞ うっしっし

フィナーレ　　[トラックナンバー 36]

かみさまことりも みてました ふたりのきこりの
することを しょうじき きこりに ひかるおの よくばりきこりに おのはなし
だめだよよくばり うそつきは これで おはなし おわります さような ら

ネズミのすもう

3~4歳児向き

家ネズミと長者ネズミがすもうをとっていました。家ネズミは負けてばかり。なんとか勝たせたいと、おじいさんとおばあさんはおもちをつくることにしました。

登場人物と衣装

- 家ネズミ（8名）
  - お面
  - ベスト（水色）別の色（白）をはる
- 長者ネズミ（8名）
  - お面
  - ベスト（ピンク）別の色（白）をはる
- おじいさん（8名）
  - ちゃんちゃんこ（茶）
  - もんぺ（青）
- おばあさん（8名）
  - ちゃんちゃんこ（赤）
  - もんぺ（青）
- ピアノ担当（保育者）
- 用意係（保育者）

※配役の人数は目安です。それぞれ同じくらいの人数にしましょう。

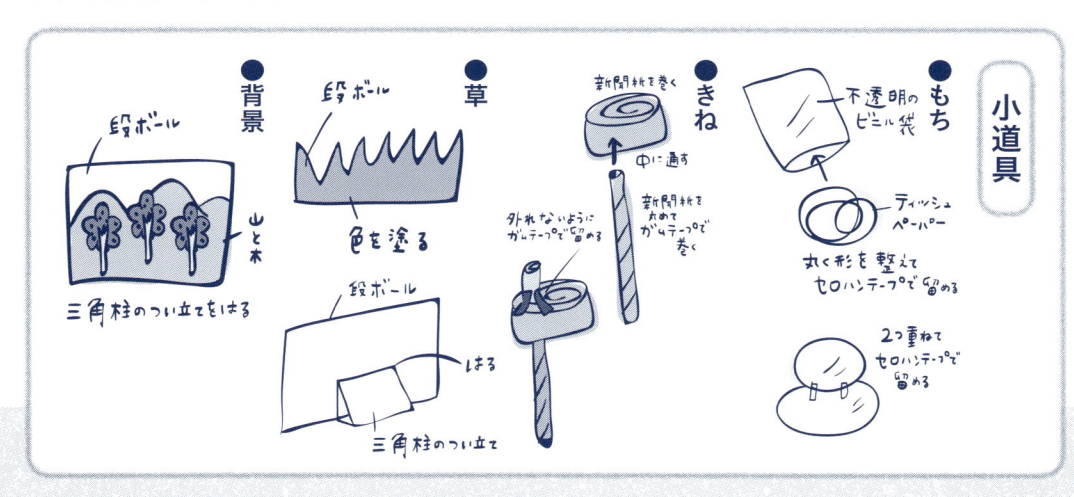

小道具

- **もち**
  - 不透明のビニール袋
  - ティッシュペーパー
  - 丸く形を整えてセロハンテープで留める
  - 2つ重ねてセロハンテープで留める

- **きね**
  - 新聞紙を巻く
  - 中に通す
  - 外れないようにガムテープで留める
  - 新聞紙をまるめてガムテープで巻く

- **草**
  - 段ボール
  - 色を塗る

- **背景**
  - 段ボール
  - 山と木
  - 三角柱のつい立をはる
  - 段ボール
  - はる
  - 三角柱のつい立

舞台設定

背景をセットする。立ち位置を示すカラーテープなどをはっておく。転落防止用に、ステージ最前列に草を置く。

転落防止も兼ねる

楽譜は59ページにあります。

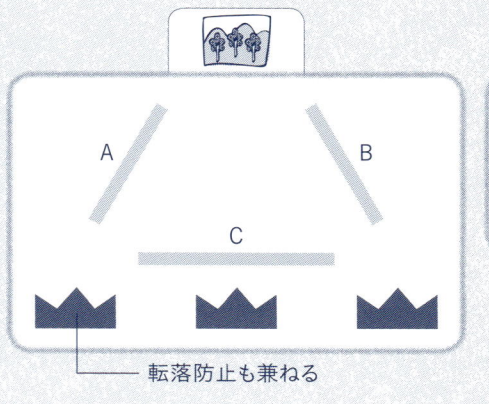

発表のしかた

家ネズミ全員・長者ネズミ全員、Cラインに並んで体操座り。おじいさん全員・おばあさん全員、ネズミの後ろに立って並ぶ［図Ⅰ］。

全員
― 全員、「♪始まりの歌」を歌う。

♪①むかし むかし おじいさんと
　　おばあさんと くらして おりました
♪②とっても まずしい くらしなので
　　もちつく おこめも もうわずか
　　だいじに のこして おきましょう
♪③となり おおきな おやしきは
　　ちょうじゃさまの おやしきで
　　ちょうじゃの ネズミは ちからもち

― 家ネズミ全員・長者ネズミ全員、歌い終わったら上手に退場。
― おじいさん全員・おばあさん全員、Cラインに並ぶ。

おじいさん❶
― おじいさん1、一歩前に出て、下手を指さす。
これからお山で一仕事。

おじいさん❷
― おじいさん2、一歩前に出て、両手で大きな輪を作る。
たきぎをたくさん集めるよ。

おばあさん❶
― おばあさん1、一歩前に出て、上手を指さす。
それでは隣で一仕事。

おばあさん❷
― おばあさん2、一歩前に出て、両手を交互に動かし、縫い物をする動作。
チクチクチクチク、縫いましょう。

― おじいさん全員・おばあさん全員、上手へ退場。
― 家ネズミ全員・長者ネズミ全員、上手から登場。「♪ネズミ入場曲」に合わせて、家ネズミはCラインを通り、Aラインに並ぶ。長者ネズミはBラインに並び、家ネズミと向き合う。

［図Ⅰ］

A　B
おじいさん、おばあさん
家ネズミ、長者ネズミ
C

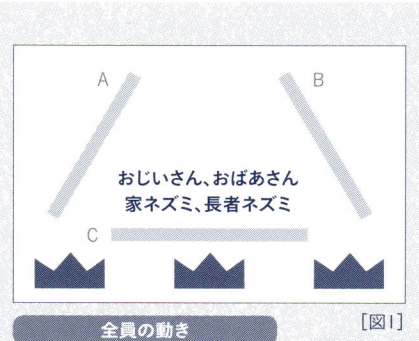

全員の動き

家ネズミと長者ネズミはCラインに体操座り。おじいさんとおばあさんはその後ろに並ぶ。

長者ネズミ❶ ──長者ネズミ❶、両手でおなかをたたく。
おすもうとろうよ。

長者ネズミ❷ ──長者ネズミ❷、両手でおなかをたたく。
今日もとろう。

家ネズミ❶ ──家ネズミ❶、腕組みをする。
負けないぞー。

家ネズミ❷ ──家ネズミ❷、腕組みをする。
がんばるぞー。

ネズミ全員 ──家ネズミ〜4・長者ネズミ〜4、4名ずつ舞台中央に出て［図2］、
♪「すもうの歌」を歌い踊る。ほかのネズミたちも歌う。

♪はっけ よい のこった
はっけ よい のこった
まえに うしろに よいよい
みぎに ひだりに はっけ よい

踊り方

一番 ♪はっけよい〜のこった 
歌に合わせて四股を踏む動作。

❷♪まえに うしろに よいよい
両手を交互に出し、押しずもうの動作。

❸♪みぎに ひだりに はっけよい 
お互いに手を握り、左右に揺れ四つずもうの動作。

後奏 
お互いに手を握り、前後に押し引きし、最後にジャンプして座る。

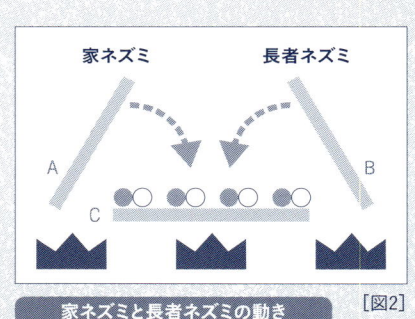

[図2]
家ネズミと長者ネズミの動き
家ネズミはAラインから、長者ネズミはBラインから舞台中央へ出て、ペアになる。

54

家ネズミ3	また負けた。家ネズミ3、片手をおでこに当てる。
家ネズミ4	くやしいなあ。家ネズミ4、両手をほおに当てる。
家ネズミ5	どうしたら勝てるかなあ。家ネズミ5、両手で大きく円をかく。
長者ネズミ3	もっと大きく太ったら、長者ネズミ3、両手を腰に置き、胸を張る。
長者ネズミ4	そしたらきっと、勝てるはず。長者ネズミ4、両手でガッツポーズをする。
長者ネズミ5	たくさん食べれば太れるよ。長者ネズミ5、両手で大きく円をかく。
	ネズミ全員、「♪ネズミ入場曲」に合わせ、小走りで上手に退場。
おじいさん全員	用意係、ネズミが退場したら、Aラインにおじいさんの人数分、きねを並べる。 おじいさん・おばあさん全員、上手から登場。「♪負けネズミの歌」1番を歌いながら、おじいさん全員はAラインに、おばあさんはBラインに並ぶ。 ♪みたよみたよ ネズミのすもう 　まけたねずみは いえネズミ 　いちどかたせて あげたいな
おばあさん3	お帰りなさい、おじいさん。おばあさん3、お辞儀をする。
おばあさん4	おつかれさまです、おじいさん。おばあさん4、両手を胸の前でクロスする。
おじいさん3	ただいま、おばあさん。おじいさん3、お辞儀をする。

歌が終わったら、元のラインに戻り、家ネズミ5〜8・長者ネズミ5〜8が同様に行う。

おじいさん ❹	——おじいさん4、拍手を1回して、セリフを言う。 ——ネズミがすもうをしていたよ。
おじいさん全員・ おばあさん全員	——おじいさん全員・おばあさん全員、「♪負けネズミの歌」を歌いながら、ツーステップを踏み、左右にスイングする。後奏部「♪ペッタンペッタン～ペッタンコ」で、おじいさんはきねをもち、もちつきの動作。おばあさんは両ひざをついて座り、「お寺の和尚さん」のような動きをする。 ♪①みたよみたよ　ネズミのすもう 　まけたネズミは　いえネズミ 　いちどかたせて　あげたいな ♪②わずかなこめしか　ないけれど 　ネズミにおもちを　つくりましょう 　たべてすもうに　かっとくれ 　ペッタンペッタン　ペッタンコ　ペッタンペッタン　ペッタンコ ——用意係、歌の間におじいさんとおばあさんの後ろにおもちを置き、きねをしまう。
おじいさん ❺	——おじいさん5、片手で「ヤッホー」のポーズをする。 ——おーい、ネズミくーん。
おじいさん ❻	——おじいさん6、人差し指を立てて前に3回振る。 ——開いとくれ。
おじいさん ❼	——おじいさん7、両手を大きく1回まわす。 ——おもちがつけたよ。
おじいさん ❽	——おじいさん8、片手でほおを軽く3回たたく。 ——おいしいよ。
おばあさん ❺	——おばあさん5、片手で「ヤッホー」のポーズをする。 ——ネズミさーん。
おばあさん ❻	——おばあさん6、体を左右に振る。 ——おいしいおいしいおもちだよ。
おばあさん ❼	——おばあさん7、上手を指さす。 ——こっちに置くよ。

おばあさん❽	――おばあさん❽、片手でガッツポーズをする。 食べて力をつけとくれ。 ――おばあさん全員、おもちを持ち、上手に退場。おじいさん全員、おもちを持ち、続いて上手に退場。 ――ネズミ全員、上手から登場。家ネズミ全員、「♪ネズミ入場曲」に合わせて、小走りでAラインに、長者ネズミ全員、Bラインに並ぶ。 ――家ネズミ1〜4・長者ネズミ1〜4、舞台中央に出て、「♪すもうの歌」を歌い踊る。終わったら、元のラインに戻る。
ネズミ全員	――家ネズミ5〜8・長者ネズミ5〜8が同様に行う。 ♪はっけ よい のこった 　はっけ よい のこった 　まえに うしろに よい よい 　みぎに ひだりに はっけ よい
家ネズミ❻	――家ネズミ6、両手で万歳。 わーい、わーい。勝った。
家ネズミ❼	――家ネズミ7、両手を腰に当て、首を傾げる。 おもちの力はすごいなあ。
長者ネズミ❻	――長者ネズミ6、両手を腰に当て、首を傾げる。 おもちを食べたの？
長者ネズミ❼	――長者ネズミ7、自分を指さす。 ぼくも食べたいなあ。 ――ネズミ全員、「♪ネズミ入場曲」に合わせて小走りで上手に退場。
おじいさん全員・ おばあさん全員	――おじいさん全員・おばあさん全員、上手から登場。おもちを持って、「♪騒がしいの歌」を歌いながらCラインに並び、おもちを置く。 ♪①こんやは なんだか さわがしい 　てんじょう うらで ゴトゴトと 　②ネズミが ともだち よんできた 　おもちを たくさん つくりましょう

― おじいさん全員・おばあさん全員、順に上手に退場。

― ネズミ全員、上手から登場。「♪ネズミ入場曲」に合わせて、家ネズミ、長者ネズミの順にCラインに並ぶ。

家ネズミ❽ ― 家ネズミ❽、おもちを指さす。
これが力の出るおもちだよ。

長者ネズミ❽ ― 長者ネズミ❽、合掌する。
一緒に食べよう。いただきます。

― ネズミ全員、Cラインに座り、食べる動作。

― おじいさん全員・おばあさん全員、上手から登場。Cラインのネズミの後ろに並ぶ［図3］。

全員 ― 全員、「♪フィナーレ」を歌う。
♪①おじいさんと おばあさん
　つくった おもちは ちからもち
　ネズミの すもうは ごぶとごぶ
　なかなか しょうぶは つきません
♪②おじいさんと おばあさん
　おもちを ごちそう してくれた
　ちょうじゃの ネズミは うれしくて
　おれいを しました そのおかげ
　しあわせ よいとし むかえたよ

（おしまい）

［図3］
おじいさん・おばあさんの動き
上手から登場し、家ネズミと長者ネズミの後ろに並ぶ。

「ネズミのすもう」楽譜集

始まりの歌　　　　　　　　　　　　　　　　　　　［トラックナンバー 37］

1. むかし むかし
2. とっても まずしい
3. となり おおきな

おじいさんの　とで　おばーあちゃんー　さんーとも　いえネズー　ミかで
くらしき　　　　　　　もちつじゃ　　　こめさま　　もうやし
おやし　　はー　ちょーうじゃ　　おさ　　　おやし

なかだ　よかいじゃ　　くらしてはの　　おりましょ　たうち
ちょう　　　　くのネズミ　　おおきから
じゃ　　　　　　　　　　　　ちかも

rit.

ネズミ入場曲　　　　　　　　　　　　　　　　　　［トラックナンバー 38］

すもうの歌

はっけよいのこったー
はっけよいのこったー まえにうしろによいよい
みぎにひだりにはっけよい

負けネズミの歌

1. みたよみたよ ネズミのすもう ないけれどー まけたネズミは いえネズミ
2. わずかなこめしか

いちどかたせて あげたいな
たべてすもうに かっとくれ
ペッタンペッタン ペッタンコ ペッタンペッタン ペッタンコ

騒がしいの歌

［トラックナンバー 42］

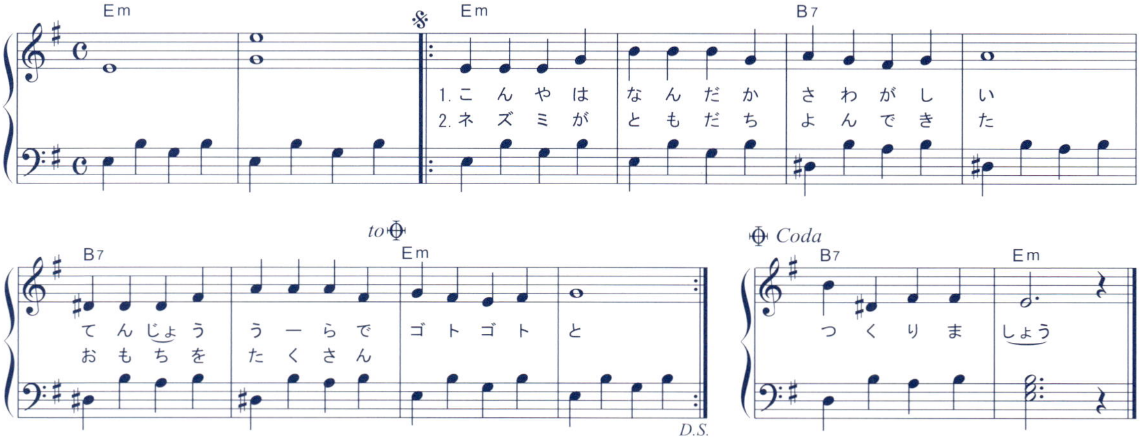

フィナーレ

［トラックナンバー 43］

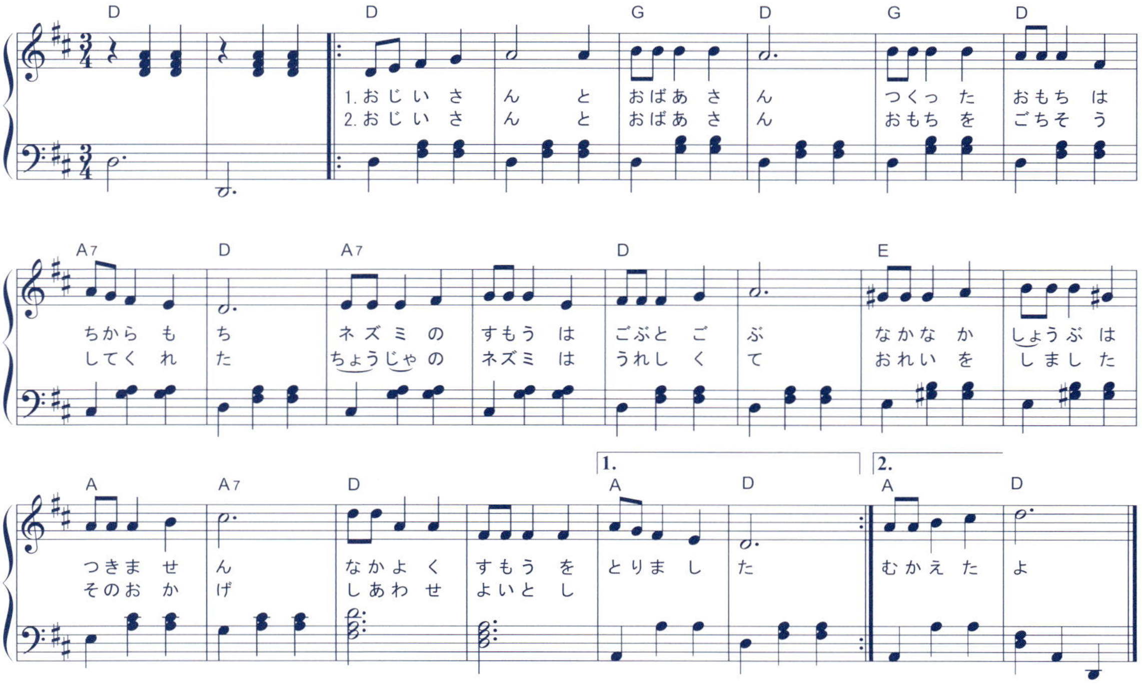

サルとカニ

3〜4歳児向き

カニが大事に育てたカキを、サルはひとりじめ。あげくに母ガニにカキをぶつけます。子ガニたちは、ハチ、クリ、ウスの力を借りて、サルをこらしめます。

登場人物と衣装

- **母ガニ**（5名）
  - お面
  - 違う色（白）をはる
  - ちゃんちゃんこ（赤）
  - 軍手
- **子ガニ**（5名）
  - お面
  - 違う色（白）をはる
  - ちゃんちゃんこ（赤）
  - 軍手
- **サル**（5名）
  - お面
  - 違う色（白）をはる
  - ちゃんちゃんこ（茶）
  - 軍手
- **ハチ**（5名）
  - お面
  - モール
  - 違う色（黒）をはる
  - チュニック（黄）
- **クリ**（5名）
  - 毛糸の帽子
  - 別色（茶）のベルト
  - チュニック（オレンジ）
- **ウス**（5名）
  - 毛糸の帽子
  - 別色（青）のベルト
  - チュニック（白）
- ピアノ担当（保育者）
- 用意係（保育者）

＊配役は、それぞれ同じくらいの人数にしましょう。

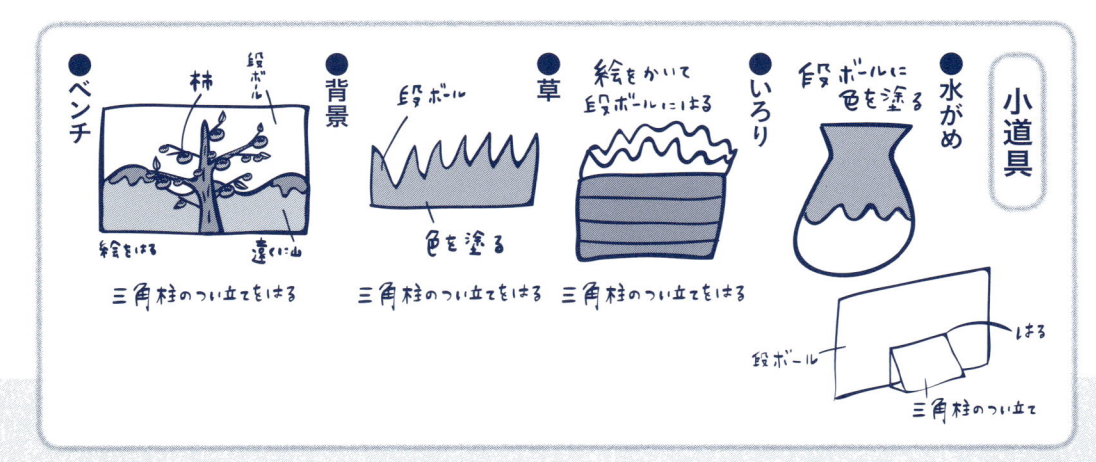

小道具

- **ベンチ**：柿、段ボール、絵をはる、遠くに山、三角柱のつい立てをはる
- **背景**：段ボール、色を塗る、三角柱のつい立てをはる
- **草**：絵をかいて段ボールにはる、三角柱のつい立てをはる
- **いろり**
- **水がめ**：段ボールに色を塗る、段ボール、三角柱のつい立て、はる

舞台設定

背景、ベンチをセットする。立ち位置を示すカラーテープなどをはっておく。転落防止用に、ステージ最前列に草を置く。

ベンチ / A / B / C / 転落防止も兼ねる

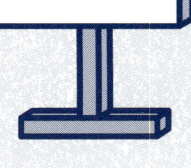

楽譜は68ページにあります。

発表のしかた

全員
――ハチ全員・クリ全員は体操座り、サル全員・ウス全員は立ってひざ、子ガニ全員・母ガニ全員は立って並び、―♪始まりの歌」を歌う。

♪① むかし むかし そのむかし
　カキの たねと おむすび を
　みつけた ことから はじまった
　サルと カニとの ものがたり

♪② ねえねえ カニさん おむすびと
　ぼくの たねと とりかえよう
　カニさん たねを もちかえり
　だいじに まいて そだてたよ

――歌い終わったら、サル全員は下手に、ハチ全員・クリ全員・ウス全員は上手に退場。

カニ全員
――子ガニ全員・母ガニ全員、舞台中央で手をつなぎ輪になり、「♪カキの木 カキの実の歌」―番を歌いながらぐるぐる回る。(「かごめかごめ」の要領。) ―番を歌った後、子ガニはAライン、母ガニはBラインに並び、体操座り。

♪① はやく めをだせ カキのたね
　はやく きになれ カキのみを
　つけぬと はさみで ちょんぎるぞ

サル全員
――サル全員、下手から登場。「♪カキの木 カキの実の歌」2番を歌いながら、Cラインの中央を通って舞台奥のベンチのところまで行き、ベンチの上に立つ［図1］。

♪② ぼくが ひろった カキのたね
　カニが そだてて みがなった
　うまいか まずいか たべてみよう

サル全員
――サル全員、ベンチの上で正面を向く。カキを片手に一個ずつ持った形を作り、交互に口元にもっていき食べる動作。
　ムシャムシャムシャ。モグモグモグ。

母ガニ❶
――母ガニー、座ったまま、「ヤッホー」のポーズをする。
　早くとってよ、おサルさん。

［図1］

子ガニ　　　　　　　母ガニ
　A　　　サル　　　B
　　　　　　C

サルの動き

「カキの木 カキの実の歌」を歌いながら、下手からCラインの中央を通って舞台奥へ行き、ベンチの上に立つ。

母ガニ❷	——母ガニ2、座ったまま、「ヤッホー」のポーズをする。 早くとってよ、**カキの実を**。
母ガニ❸	——母ガニ3、座ったまま、両手でほおを軽くおさえる。 甘いカキが食べたいな。
母ガニ❹	——母ガニ4、子ガニを指さす。 子ガニにカキをください。
子ガニ❶	——子ガニ1、座ったまま、片手でいやいやをする。 カニは木登りできないよ。
子ガニ❷	——子ガニ2、座ったまま両手を前に出し、手のひらを上向きにする。 早くカキが食べたいよ。
子ガニ❸	——子ガニ3、座ったまま、サルを指さす。 食べているのはおサルだけ。
子ガニ❹	——子ガニ4、座ったまま、腕組みする。 ずるいよ、早くちょうだいよ。
サル全員	——サル全員、両手をグーにして小刻みに震わせる。 うるさい、うるさい、うるさいな。
サル全員	——サル全員、両手でカキの実を持って投げる動作。 渋ガキたくさん投げてやる。エーイ。
効果音	「♪ヒューポン」
母ガニ❺	——サル全員、下手に退場。 ——母ガニ5、頭をかかえる。 痛いよー、痛いよー。
子ガニ❺	——母ガニ全員、頭をかかえたまま、よろよろと上手に退場。 ——子ガニ5、両手を目元に当てる。子ガニ1～4、泣きまねをする。 エーンエーンエーン。

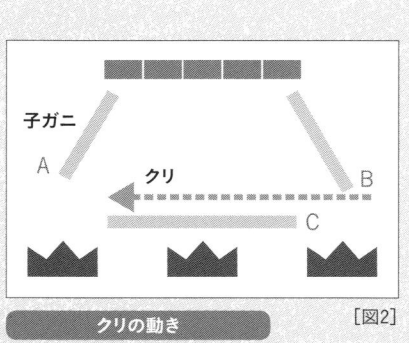

[図2]

クリの動き

「クリ・ハチ・ウスの歌」を歌いながら、上手から登場し、Cラインの下手側に並ぶ。

クリ全員	——クリ全員、上手から登場。「♪クリ・ハチ・ウスの歌」一番を歌いながら、Cライン(下手側)に並ぶ [P.64図2]。 ♪①**クリックリックリックリッ　ぼくくりぼう** **クリックリックリックリッ　ぼくくりぼう** **ないてるカニさん　どうしたの**
ハチ全員	——ハチ全員、上手から登場。「♪クリ・ハチ・ウスの歌」2番を歌いながら、Cラインのクリの隣(中央)に並ぶ。 ♪②**ブンブンブンブン　ハチブンブン** **ブンブンブンブン　ハチブンブン** **ないてるカニさん　どうしたの**
ウス全員	——ウス全員、上手から登場。「♪クリ・ハチ・ウスの歌」3番を歌いながら、Cラインのハチの隣(上手側)に並ぶ。 ♪③**ドッスンドッスン　ウスドンドン** **ドッスンドッスン　ウスドンドン** **ないてるカニさん　どうしたの**
子ガニ全員・クリ全員 ハチ全員・ウス全員	——子ガニ全員・クリ全員・ハチ全員・ウス全員の順に手をつないで円を作り、「♪作戦会議」を歌いながら、舞台中央でぐるぐる回る。(「かごめかごめ」の要領。) ♪**かあさんおおけが　かわいそう** **さくせんかいぎ　ちえだして** **いたずらこりごり　こころから** **やさしいおサルに　もどるよう**
子ガニ全員・クリ全員 ハチ全員・ウス全員	——子ガニ全員・クリ全員・ハチ全員・ウス全員、歌い終わったら円の外を向いてしゃがむ。
子ガニ全員・クリ全員 ハチ全員・ウス全員	——子ガニ全員・クリ全員・ハチ全員・ウス全員、口元に人差し指を当て、「もじょ～もじょ」で円の外を向いて内緒話をする。 **こしょこしょこしょこしょ。** **もじょもじょもじょもじょ。**
子ガニ全員・クリ全員 ハチ全員・ウス全員	——子ガニ全員・クリ全員・ハチ全員・ウス全員、足音をたてないようにして、クリは下手に、子ガニ・ハチは上手に退場。ウスは、ベンチに移動して座る。 **そろりそろり、そろりそろり、そろりそろり。**

サル❶
──用意係、水がめを上手から、いろりを下手から出す。
──サル全員、水がめを下手から登場。Cラインに並ぶ。
寒い、寒い。
──サル一、両手を合掌してこする。

サル❷
なんて冷たい風なんだ。
──サル2、両手をグーにして小刻みに震わせる。

サル❸
体がカチカチ凍りそう。
──サル3、両手を胸の前でクロスさせ、肩をぎゅっとつかむ。

サル❹
いろりにあたって暖まろう。
──サル4、片手でいろりを指さす。

サル❺
ほかほかぬくぬく暖まろう。
──サル5、両手をパーにして体の前に出す。

クリ全員
パチパチパチーン。
──クリ全員、下手から登場。Aラインに急いで並び、両手をきらきらさせる。
──サル全員、Cラインからいろりの周りに移動し、囲むように並ぶ。

サル全員
アッチッチー、アッチッチー。水、水、水！
──サル全員、いろりからCラインに戻り［図3］、その場で足を踏みならす。

ハチ全員
ブンブンブンチクーン。
──ハチ全員、上手から登場。抜き足差し足でBラインに並ぶ。羽ばたきの動作をして、両手を頭上で合掌し、振り下ろす動作。

サル全員
痛い、痛い、逃げろー！
──サル全員、CラインからBラインの前を通って、Aラインのクリの前を通り、再び急いでCラインに戻る［図3］。頭を抱えて体操座り。

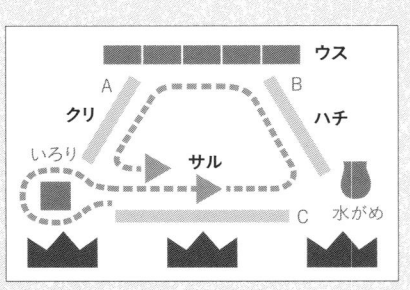

サルの動き ［図3］
いろりの周りを囲むように並び、クリの動作が終わったら、Cラインに戻る。ハチの動作が終わったら、Bライン→Aラインを通り、Cラインに戻る。

ウス全員　ドッスンドッスン　ドッスンドン。
　　　　　ドッスンドッスン　ドッスンドン。

——ウス全員、ベンチから立ち上がって、前へ力強く足を踏み鳴らして歩き、Cラインのサルの後ろに並ぶ。最後の「ドッスンドン」で大きく一回ジャンプし、サルの頭の上に手をのせる。

サル全員　わあー。

——サル全員、Cラインでそのまま体操座り。クリ全員、AラインからCラインのサルの後ろに並ぶ。ハチ全員、BラインからCラインのウスの左に並んで立てひざ。子ガニ全員・母ガニ全員、上手から登場し、3列目に並ぶ［図4］。

全員　——全員で「♪フィナーレ」を歌う。
　♪いたずら　こりごり　おサルさん
　　カニに　あやまり　なかなおり
　　みんなに　おいしい　カキのみを
　　とって　わけあい　たべたとさ
　　サルと　カニとの　おはなしは　おしまい

（おしまい）

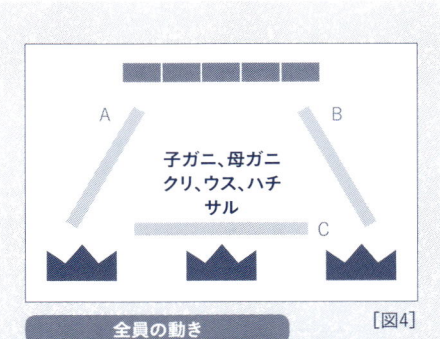

［図4］

```
      A         B
       子ガニ、母ガニ
       クリ、ウス、ハチ
           サル
                C
```

全員の動き

サルの後ろに、クリ、ウス、ハチが並び、立てひざ。その後ろに、子ガニ、母ガニが並ぶ。

「サルとカニ」楽譜集

始まりの歌
[トラックナンバー 44]

1. むーかし むーかし
2. ねえねえ カニさん

そのむかし／おむすびと カキのたねと おむすびを とりかえよう みつけたカニさん
ぼくのたねと

ことから はじまったり サールと カニとの ものがたー りよ
たーねを もちかえ だいじに まいて そだてた

カキの木 カキの実の歌
[トラックナンバー 45]

1. はやく めをだせ カキのたね はやく カニが
2. ぼくが ひろった カキのたね

きになれ カキのみを つけぬと はさみで ちょんぎる ぞよ
そだてて みがなった うまいか まずいか たべてみ よう

ヒューポン
[トラックナンバー 46]

クリ・ハチ・ウスの歌

［トラックナンバー 47］

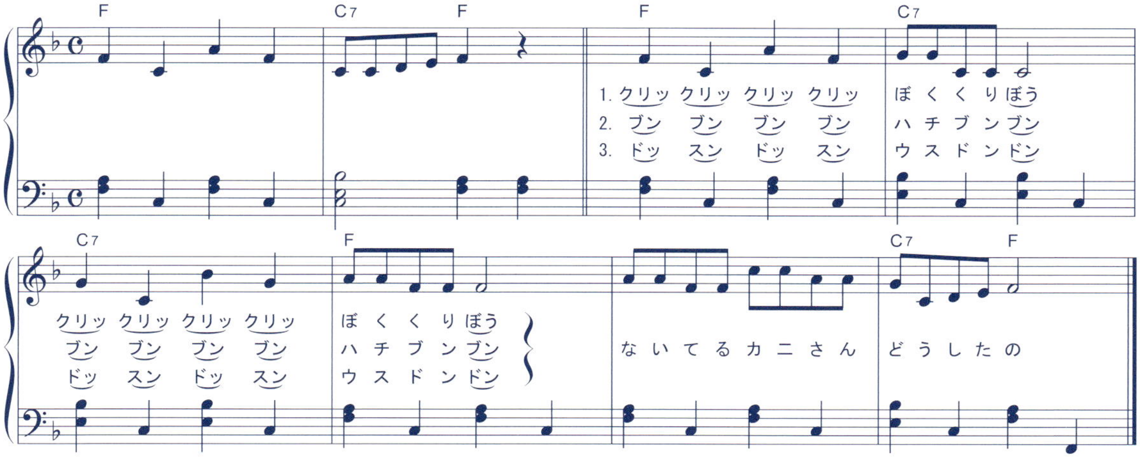

作戦会議

［トラックナンバー 48］

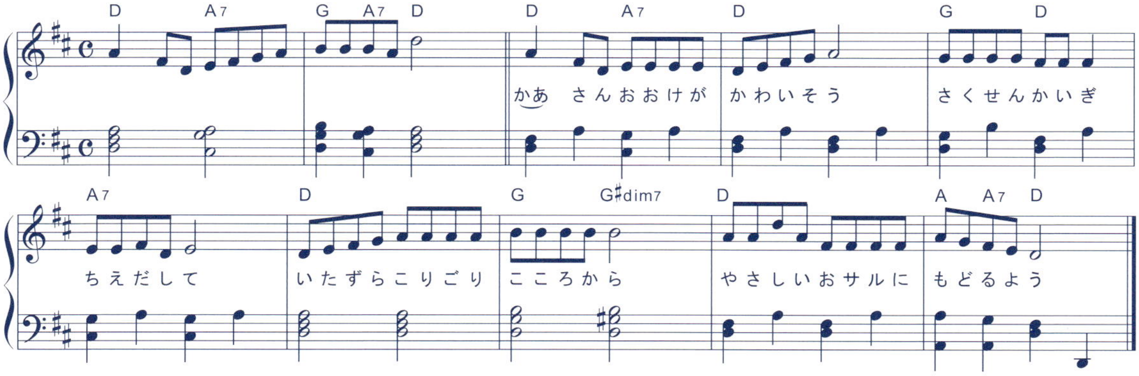

フィナーレ

［トラックナンバー 49］

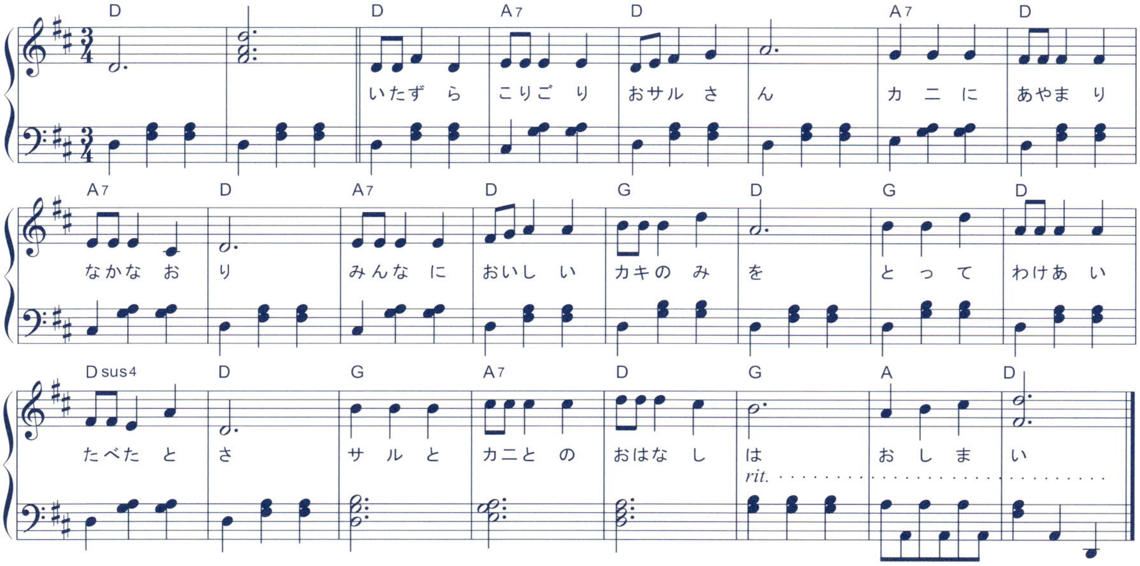

5歳児向き ヘンゼルとグレーテル

森に置き去りにされた、ヘンゼルとグレーテル。見つけたお菓子の家には魔女が…。2人は知恵と勇気で魔女をやっつけます。

登場人物と衣装

- ヘンゼル（6名）　チュニック（水色）
- グレーテル（6名）　スカーフ（赤）／スカート（赤）
- きこり（7名）　チュニック（青）
- おかみさん（7名）　ブラウス／エプロン／スカート
- 魔女（6名）　マント（赤）を肩に縫い付ける／ロングチュニック（黒）
- ピアノ担当（保育者）
- 用意係（保育者）

＊配役の人数は目安です。それぞれ同じくらいの人数にしましょう。

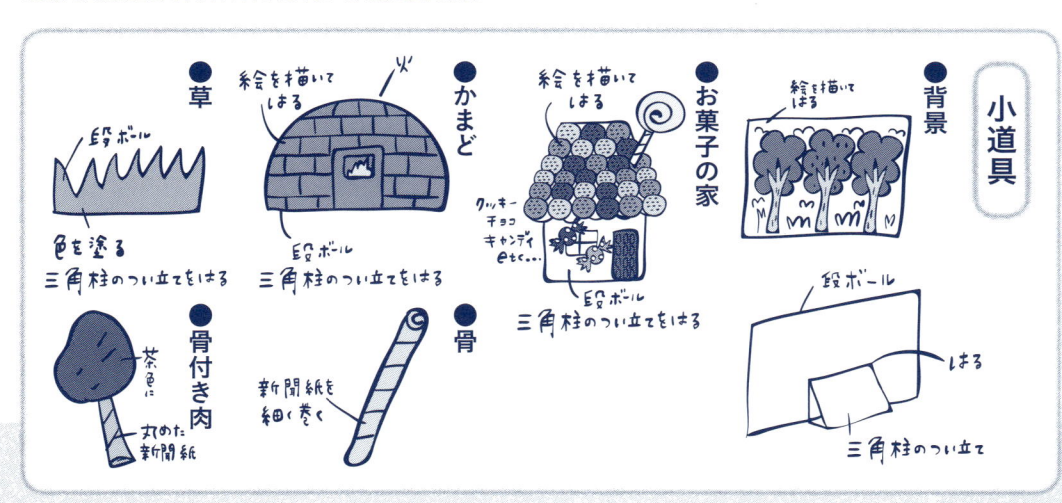

小道具

- 草　段ボール／色を塗る／三角柱のつい立てをはる
- かまど　絵を描いてはる／段ボール／三角柱のつい立てをはる
- お菓子の家　絵を描いてはる／クッキー・チョコ・キャンディetc…／段ボール／三角柱のつい立てをはる
- 背景　絵を描いてはる／段ボール／はる／三角柱のつい立て
- 骨付き肉　茶色に／丸めた新聞紙
- 骨　新聞紙を細く巻く

舞台設定

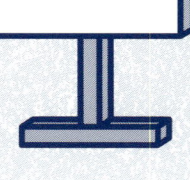

背景をセットする。立ち位置を示すカラーテープなどをはっておく。転落防止用に、ステージ最前列に草を置く。

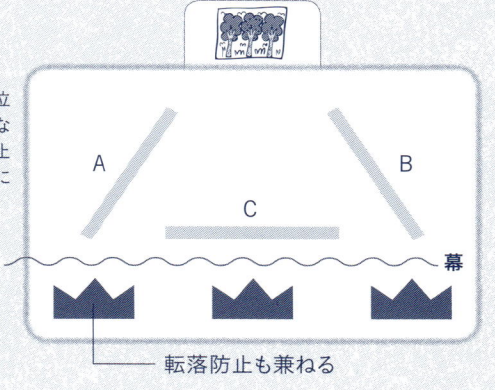

A　B　C　幕

転落防止も兼ねる

楽譜は78ページにあります。

発表のしかた

――（幕の後ろで）ヘンゼル全員・グレーテル全員、立てひざで待つ。魔女全員、その後ろに立って待つ［図1］。

――おかみさん全員・きこり全員、上手から登場し、幕前に一列に並ぶ［図1］。

おかみさん❶ ――おかみさん1、腕組みをする。
どうしたものか、どうしたものか。

おかみさん❷ ――おかみさん2、両手を腰に置き、首を横に振る。
貧しい暮らしはもうたくさん。

おかみさん❸ ――おかみさん3、両手でおなかを4回たたく。
おなかペコペコ、もうたくさん。

おかみさん❹ ――おかみさん4、片手でほおづえをつき、もう片ほうの手でひじを押さえる。
毎日、毎日、考えて。

おかみさん❺ ――おかみさん5、片手を指す。
そうだ、子どもを置き去れば、

おかみさん❻ ――おかみさん6、左手のひらを右手グーで、ポンと一回たたく。
きっと暮らしは楽になる。

おかみさん❼ ――おかみさん7、両手のひらを上向きで前を出す。
これしかないのよ、そうなのよ。

きこり❶ ――きこり1、両手を「あーあーあー」に合わせて3回たたく。
あーあーあー、どうしよう。

きこり❷ ――きこり2、手のひらを片手ずつ前に出して見せる。
食べるものが何もない。

きこり❸ ――きこり3、片手で上手を指す。
幼い2人の子どもたち。

一列に並んで順番にセリフを言う

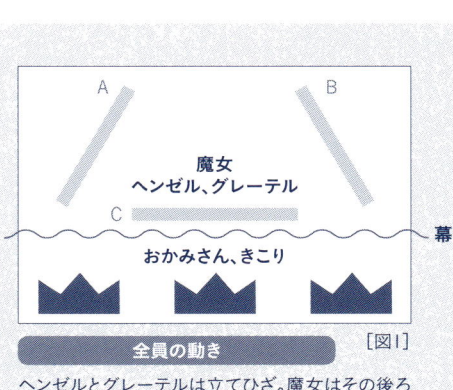

[図1]

全員の動き

ヘンゼルとグレーテルは立てひざ。魔女はその後ろに立つ。きこり、おかみさんは幕前に並ぶ。

一列に並んで順番にセリフを言う

きこり❹
——両手を前できらきらと大きく一回まわす。
おなかいっぱい食べること。

きこり❺
——両手を前できらきらと大きく一回まわす。
幸せいっぱい食べること。

きこり❻
——両手を前で小さくバイバイと振る。
もうできないよ、どうしよう。

きこり❼
——両手の指を組んで、祈りのポーズをする。
許しておくれよ、すまないなあ。

全員
——おかみさん全員・きこり全員、その場に体操座り。
——幕が上がったら、全員で「♪始まりの歌」を歌う。
♪① むかし むかし あるところ おおきな もりの ふもとには
　まずしい きこりの いえがある いつも おなかを すかせてた
♪② きこりの とうさん おかみさん こころも ひもじく なってきて
　こどもの ヘンゼル グレーテル おきざり しようと かんがえた
♪③ おきざり まいごに ならぬよう ヘンゼル ひかる いしひろい
　めじるし がわりに おいたから ふたりは もどって こられたよ
　さあさあ ここから ヘンゼルと
　グレーテルの おはなしを はじめましょう
——歌い終わったら、魔女全員、上手に退場。

きこり全員
——ヘンゼル全員・グレーテル全員、Aラインに並ぶ。
——きこり全員、自分を指さし、上手のほうを指さす。
父さん、母さん、もう一度、今から森で木を切るよ。

おかみさん全員
——おかみさん全員、拍手を3回。右手でヘンゼル、左手でグレーテルを指さし、両手をパーにして前に出し、ストップのポーズをする。
はい、はい、はい。ヘンゼル、グレーテル、よくお聞き。ずっとここで待つんだよ。
——きこり全員・おかみさん全員、上手に退場［図2］。

［図2］

きこり・おかみさんの動き
Bラインから、上手に退場する。

ヘンゼル・グレーテルの動き
きこりとおかみさんが退場した後、「行っちゃったの歌」を歌いながらCラインへ移動する。

ヘンゼル全員・グレーテル全員	——ヘンゼル全員・グレーテル全員、「♪行っちゃったの歌」を歌いながら、ジグザグにツーステップでAラインからCラインへ移動[P.72図2]。 ♪とうさん　かあさん　いっちゃった　きをきる　しごとに　もりのなか たとえ　しごとが　おわっても　むかえに　きては　くれないよ ——ヘンゼル全員・グレーテル全員、手をつないで一列になる。
ヘンゼル❶	——ヘンゼル1、腕組みをする。 ——困ったなあ、困ったなあ。
ヘンゼル❷	——ヘンゼル2、両手を腰に置く。 ——おいてけぼりになっちゃった。
ヘンゼル❸	——ヘンゼル3、両手のひらを前に出す。 ——光る石は、もうないよ。
ヘンゼル❹	——ヘンゼル4、左手のひらから右手で下に物を落とす動作。 ——目印パンくず置いたけど。
ヘンゼル❺	——ヘンゼル5、左手でほおづえ、右手で左ひじを支える。 ——どうやら小鳥が食べちゃった。
ヘンゼル❻	——ヘンゼル6、右手をおでこに当て、左右をきょろきょろ見る。 ——帰り道がわからない。
グレーテル❶	——グレーテル1、両手を胸でクロスする。 ——本当に本当にどうしましょ。
グレーテル❷	——グレーテル2、両手を平泳ぎのように水平にぐるっと回す。 ——道は真っ暗、よく見えない。
グレーテル❸	——グレーテル3、両手をグーにして、小刻みに震える。 ——少し怖いね、さびしいね。
グレーテル❹	——グレーテル4、両手を目の下に当て、泣く動作。 ——なんだか涙がこぼれるね。
グレーテル❺	——グレーテル5、片手ずつ手のひらを上向きに、前に出す。 ——お手つないで、おにいちゃん。

73

グレーテル❻
──グレーテル❻、片手で上手のほうを指さす。
2人でおうちに帰ろうよ。

ヘンゼル全員・グレーテル全員
──ヘンゼル全員・グレーテル全員、手をつなぎ、「♪迷子の歌」を歌いながら、CラインからAラインを通り、上手奥へ退場。

♪おおきく　まいごもり
　フクロウ　ホウホウ　なくところ
　おきざり　まいごは　いやだから
　かなしい　きもちを　おさえつつ
　すすもう　かがやく　あしたへと

──用意係、幕を一度引く。かまどとお菓子の家を置いたら、再び幕を開ける。

魔女全員
──魔女全員、上手から登場。前奏の間にCラインに並び［図3］、「♪魔女の歌」を歌い踊る。

♪あんこくの　そらへ　となえよ　じゅもん
　おかしの　おうちを　さあおたべ
　おいしい　ごちそう　さあおたべ
　ふとった　こどもは　おいしかろう
　ホウホウ　ヒヒヒ　イヒヒヒ　ハー

踊り方

❶ ♪あんこくの　そらへ　となえよ　じゅもん 
万歳をしてから縮む。2回繰り返す。

❷ ♪おかしの　おうちを　さあおたべ 
片手ずつ、頭上でとんがり屋根を作り、お辞儀。

❸ ♪おいしい　ごちそう　さあおたべ 
平泳ぎの手の動きを2回する。

❹ ♪ふとった　こどもは　おいしかろう 
両手でおいでおいでをして、引きずり込む動作。4回繰り返す。

❺ ♪ホウホウ　ヒヒヒ 
左手をパーにして、顔を半分隠す。次に右手も同様にする。

❻ ♪イヒヒヒ　ハー
両手のひらを前にすばやく出し、「ハー」で力強く押し出す。

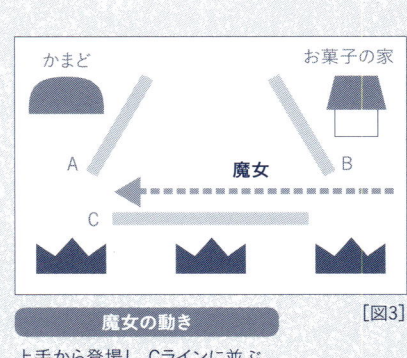

［図3］ 魔女の動き
上手から登場し、Cラインに並ぶ。

	─ 魔女全員、歌い終わったら上手に退場。
ヘンゼル全員・グレーテル全員	─ ヘンゼル全員・グレーテル全員、上手から登場。手をつないで一列になり、「♪迷子の歌」を歌いながらCラインに並ぶ。
	♪おおきく ふかい まいごもり 　フクロウ ホウホウ なくところ 　おきざり まいごは いやだから 　かなしい きもちを おさえつつ 　すすもう かがやく あしたへと
	─ ヘンゼル全員・グレーテル全員、両手を顔の横でぱっと開き、びっくりのポーズをする。両手をきらきらさせ、大きく回す。
ヘンゼル全員・グレーテル全員	おっとびっくり、おいしそう。お菓子の家だね。食べちゃおう。
	─ ヘンゼル全員、かまどの前で2列に並ぶ。
	─ グレーテル全員、お菓子の家の前で2列に並び、食べる動作。
魔女全員	─ 魔女全員、上手から登場。右手に骨付き肉を持って「♪魔女、お誘いの歌」を歌いながら、Cライン、Aラインを通り、Bラインに並ぶ。
	♪だれだい わたしのいえを たべるのは 　おやおやかわいい こどもだね 　よくよくみると やせてるね 　ごちそうするよ さあおいで 　わたしは こどもが だいすきなのさ
魔女全員	さあさあさあ。たくさん食べるがいい。
	─ 魔女全員、手に持った骨付き肉を前に突き出す。グレーテルのところへ行き、骨付き肉を渡し、Bラインに戻る。
魔女全員	マジックマギー！ ヘンゼルをおりに閉じ込めよ！
	─ 魔女全員、両手のひらを客側に向け、突き出す。もう一度、突き出す。両手の人差し指を体の前でぐるぐる回し、「閉じ込めよ」で下手のほうを指さす。
ヘンゼル全員	ヤダヤダヤダ〜。
	─ ヘンゼル全員、両手を万歳にして、左右に揺れる。
	─ ヘンゼル全員、ぐるぐる回りながら、下手に退場。

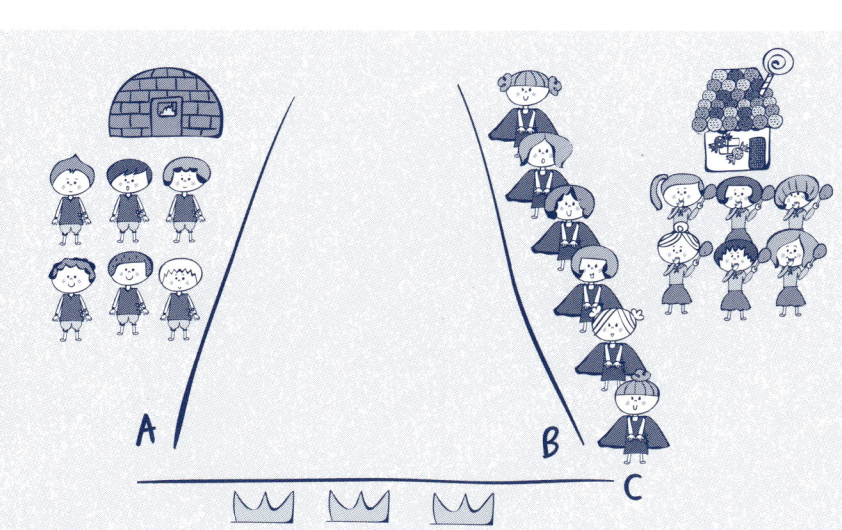

魔女全員	マジックマギー！　グレーテルを太らせよ！ ——魔女全員、両手のひらを家側に向け、突き出す。「太らせよ」で下手のほうを指す。
グレーテル全員	ヤダヤダヤダ〜。 ——グレーテル全員、骨付き肉を持ったまま、両手を万歳にして左右に揺れる。
魔女全員	——グレーテル全員、骨付き肉を小刻みに振りながら、下手に退場。 ——魔女全員、BラインからCラインへ移動。前奏の間にCラインに並び、「♪魔女の歌」を歌い踊る。 ♪あんこくの　そらへ　となえよ　じゅもん おかしの　おうちを　さあおたべ おいしい　ごちそう　さあおたべ ふとった　こどもは　おいしかろう ホウホウ　ヒヒヒ　イヒヒヒ　ハー
魔女❶	——魔女一、右手を下手のほうに出す。 どれどれ、指を出してごらん。
魔女❷	——ヘンゼル全員、横の幕から骨を見えるように出す。 おやおや、ヘンゼル、やせてるね。 ——魔女2、両手を腰におく。
魔女❸	たくさん食べても太らない。 ——魔女3、腕組みし、首を左右に振る。
魔女❹	我慢なんかできないよ。 ——魔女4、両手をグーにして、小刻みに震わせる。
魔女❺	グレーテルったらグレーテル。 ——魔女5、両手で「ヤッホー」のポーズをする。
魔女❻	かまどの火加減、見ておくれ。 ——魔女6、片手人差し指で、天井を指す。 ——グレーテル全員、下手から登場。Bラインに並ぶ。（骨付き肉は下手に置いておく。）指を組んで祈りのポーズをし、両手を胸でクロスする。

一列に並んで順番にセリフを言う

グレーテル全員	お願い、教えておばあさん。かまどの火加減、どうですか？
魔女全員	困った子だね。しょうがない。どれどれ、わたしが見るとしよう。 ——魔女全員、両手を腰に当てた後、片手を胸に当てる。
グレーテル全員	いち、にのえーい！ ——グレーテル全員、Cラインから Aラインへ移動し、下手のほうを向いて立つ。
魔女全員	あっちっちー。わたしとしたことが！ ——グレーテル全員、「♪忍び足の曲」に合わせ、BラインからAラインの魔女の後ろに近づき、並ぶ。グレーテル、魔女の背中を押す動作。
グレーテル全員	——魔女全員、下手に退場。
全員	——おかみさん・きこり全員、上手から登場し、Cラインに体操座り。ヘンゼル全員、下手から登場し、その後ろに立てひざ。グレーテル全員、下手から登場し、その後ろに立つ［図4］。全員で「♪フィナーレ」を歌う。 ♪①ぼくらはなかよし　きょうだいさ 　どんなときでも　よりそって 　まいごのもりも　まじょのいえ 　かなしいことや　つらいこと 　まえにすすむよ　あきらめず ♪②おじゃまなこどもは　もりのなか 　おきざりにした　かあさんは 　おもいびょうきに　なりました 　まじょはかまどの　ひのなかに 　ほのおとともに　きえました ♪③きこりのとうさん　はじめました 　こどもみすてて　しまったと 　これからさんにん　てをとって 　あしたのしあわせ　ちかいあい 　いたわりあって　くらしたよ ヘンゼル　グレーテルの　おはなしは これにて　おしまい　さようなら （おしまい）

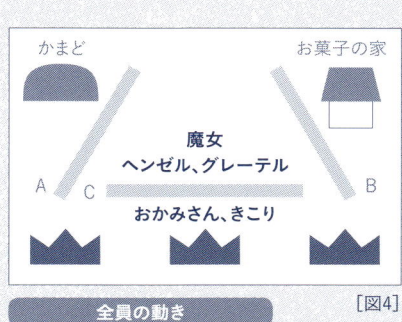

［図4］

全員の動き

おかみさんときこりはCラインに体操座り。ヘンゼルとグレーテルはその後ろに立てひざ。魔女はその後ろに並ぶ。

「ヘンゼルとグレーテル」楽譜集

始まりの歌

[トラックナンバー 50]

1. むーかし むーかし あるところ
2. きこりの まいごに おかみさま ならぬよ
3. おきざり とういさに

おおきな もーりの ふもとに きこりの こどもが いえがあった ヘンゼル ひーめじ もる ヘンゼル いわり おいた
おころも ひーもじ はてい まずしい いのし えがあった
ヘンゼル ふーかる ない しひろ めも が いた るら

いーつも おなかを すかせて たた よ さあさあ ここから ヘンゼルと
おきざり しようと かんられ
ふたりは もどって こられた

グレーテルの おはなしを はじめま しょう ー

COLUMN ⑥

「音楽について」

入退場するときや移動するときの曲は、舞台の大きさによって必要な長さが違ってきます。
子どもたちの動きをよく考えて、よいやり方を見つけましょう。

1 音楽を子どもたちの動きに合わせる場合は、音楽をリピートして長くしたり、曲の途中で自然な形でストップするなどして、工夫しましょう。

2 子どもたちの動きを音楽に合わせるほうがよい場合は、動きを大振りにして繰り返す数を減らしたり、コンパクトな動きにしたりして調整します。

行っちゃったの歌

[トラックナンバー 51]

とうさん かあさん いっちゃった きをきる しごとに もりのなか たとえ しごとが おわっても むかえに きては くれないよ

迷子の歌

[トラックナンバー 52]

おおきく ふかい まいごもり フクロウ ホウホウ なくところ おきざり まいごは いやだから かなしい きもちを おさえつつ すすもう かがやく あしたへと rit.............

魔女の歌
[トラックナンバー 53]

あんこくのそらへ となえよ じゅもん
おかしの おうちを さあおたべ おいしい ごちそう さあおたべ
ふとった こどもは おいしかろう ホウホウヒヒヒ イヒヒヒ ハー

魔女、お誘いの歌
[トラックナンバー 54]

だれだい わたしのいえを たべるのは
おやおやかわいい こどもだね よくよくみると やせてるね ごちそうするよ さあおいで
わたしは こどもが だいすきな のさ

忍び足の曲
[トラックナンバー 55]

フィナーレ
[トラックナンバー 56]

1. ぼくらはなかよし きょうだいさ
2. おじゃまなこどもは もりのなか
3. きこりのとうさん はじました

どんなときでも よりそって まいごのもりも まじょのいえ かなしいことや—
おきざりにした かあさんは おーもいびょうきに なりました まーじょはかまどの
こどもみすてて しまったと これからさんにん てをとって あしたのしあわせ

つらいこと まーえに すすむよ あきらめ ずた　　よ　　ヘンゼル
ひのなかに ほのおと ともに— きえました
ちかいあい いたわり あってー くらした

グレーテルの おはなしは これにて おしまい さようなら

ジャックと豆の木

5歳児向き

ウシをおじいさんの豆と交換したジャック。豆はぐんぐん伸びて、雲の上に。登っていくと、巨人の家がありました。そこには金のニワトリや歌う竪琴が…。

登場人物と衣装

- ジャック(7名) — ボレロ(赤)
- お母さん(7名) — ボレロ(赤)、スカート(ピンク)
- 巨人(7名) — チュニック(白)、別色(緑)のベルト
- おかみさん(7名) — ボレロ(黄)、スカート(緑)、エプロン(白)
- ピアノ担当(保育者)
- 用意係(保育者)

※配役の人数は目安です。それぞれ同じくらいの人数にしましょう。

小道具

- ニワトリ：画用紙、両面はる、割りばし
- 飲み物：ペットボトル
- 果物：まるごと用
- かまど：絵をはる、三角柱のつい立てをはる
- 背景：絵をはる、段ボール、三角柱のつい立てをはる
- テーブル、いす：段ボール、はる、三角柱のつい立て
- 草：段ボール、色を塗る
- おの：金・銀・灰色の色紙をちぎってはる、丸めた新聞紙にガムテープを巻く
- 骨付き肉：茶色に、丸めた新聞紙
- 竪琴：画用紙、両面はる、割りばし

舞台設定

いす、テーブル、背景をセットする。立ち位置を示すカラーテープなどをはっておく。転落防止用に、幕前のステージ最前列に草を置く。

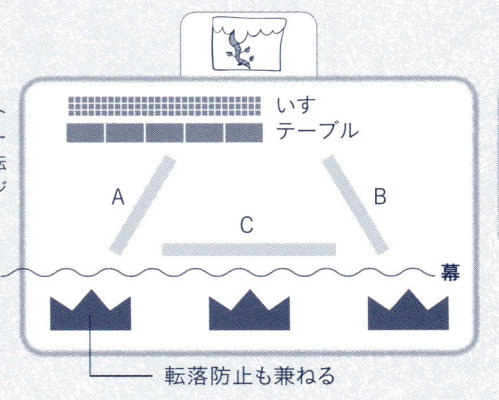

（図：いす、テーブル、A、B、C、幕、転落防止も兼ねる）

楽譜は90ページにあります。

発表のしかた

――テーブルの下にニワトリ、竪琴を置いておく。

――（幕の後ろで）巨人全員・おかみさん全員、立って待つ［図Ⅰ］。

――（幕前で）お母さん全員・ジャック全員・おかみさん全員、上手から登場し、幕前に1列に並ぶ［図Ⅰ］。「♪けんかしちゃった」1番をお母さん、2番をジャックが歌う。

お母さん全員・ジャック全員
♪①だいじな うしを いちばで
　たかい ねだんで うったなら
　あしたの たべもの かえたのに
　アアア ジャック なんてこと
　これじゃあ ひもじさ まだつづく
♪②ごめんよ かあさん このまめは
　とっても ふしぎな まめなんだ
　ぼくが であった おじいさん
　よいこと あると はなしてた
　そだててみようよ ねえかあさん

――お母さん全員、豆を3回投げる動作の後、「こんな豆」で両手を前に出し、「捨てちゃえ」で両手で花のつぼみの形を作る。

お母さん全員
えいえいえーい。こんな豆、捨てちゃえ。

――お母さん全員・ジャック全員、立てひざになる。

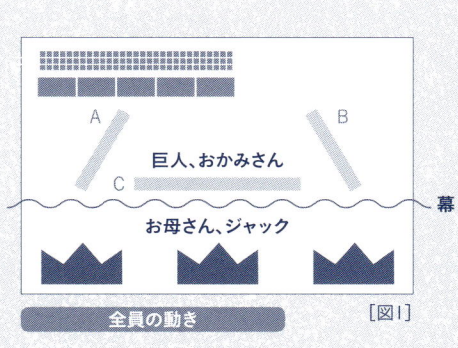

全員
――幕が上がる。
――全員、「♪始まりの歌」を歌う。
♪①かあさん おこってた
　まめつぶ なげすてた
　ふしぎな まめだね おじいさん
　はなして いたこと ほんとだね
♪②きいたよ きょうじんの たからもの
　くもの うえにある いいつたえ
　ジャックは のびた まめのきを
　のぼって みようと かんがえた
　それでは おはなし はじめましょう

［図Ⅰ］

お母さんとジャックは立てひざ。巨人とおかみさんは幕の後ろに並ぶ。

―歌い終わったら、巨人全員・おかみさん全員、上手に退場。ジャック全員、Aラインに、お母さん全員、Bラインに並ぶ。

ジャック❶	―ジャック1、両手をパーにし、小刻みに振る。 びっくりびっくり、すごいなあ。
ジャック❷	―ジャック2、片手をおでこに当て、上を見る。 一体、どこまで伸びてるの？
ジャック❸	―ジャック3、両手を腰に置き、うなずく。 やっぱり不思議な豆だった。
ジャック❹	―ジャック4、上手を指さす。 おじいさんは言ってたなあ。
ジャック❺	―ジャック5、右手の人差し指を一本立てて、上下に振る。 必ずいいことあるはずと。
ジャック❻	―ジャック6、右手をグーにして、左手のひらをたたく。 ようし、登って確かめよう。
ジャック❼	―ジャック7、両手をほおに当て、「ヤッホー」のポーズをする。 行ってくるよ、お母さん。
お母さん❶	―お母さん1、両手を胸でクロスする。 これはびっくり、驚いた。
お母さん❷	―お母さん2、両手をパーにして、肩をすぼめる。 こんな豆の木、見たことない。
お母さん❸	―お母さん3、両手をパーにして、体の前で大きくひと回り。 なんて不思議な豆でしょう。
お母さん❹	―お母さん4、左手でほおづえをつき、右手をパーにして左ひじに当てる。 本当にいいこと、あるかしら。
お母さん❺	―お母さん5、体の前で、両手で大きな輪を作る。 豆がどっさりとれるかな。

84

踊り方

① ♪さあ いこう ふしぎな まめのき
立てているひざを両手でかかえ、左右に揺れる。

② ♪さあ のぼろう なにが あるかな
体の前で輪を作り、元気に足踏み。

③ ♪ワクワク ドキドキ なにが まってる
頭上で輪を作り、元気に足踏み。

④ ♪げんき だして ぼうけん はじまる
背伸びして、万歳をし、元気に足踏み。

お母さん❻
——お母さんよジャック、指を組んで、祈りのポーズをする。

お母さん❼
——ジャックよジャック、気をつけて。
——お母さん7、右手でバイバイのように振る。
——行ってらっしゃい、気をつけて。
——お母さん全員、上手に退場。ジャック、AラインからCラインに移動。

ジャック全員
——ジャック全員、「♪登っていこうの歌」を歌う。

♪さあ いこう ふしぎな まめのき
♪さあ のぼろう なにが あるかな
♪ワクワク ドキドキ なにが まってる
♪げんき だして ぼうけん はじまる

ジャック全員
——ジャック、右手をおでこに当て、左右を見る。
きょろきょろきょろ。ここはどこかな。
——ジャック全員、「♪抜き足差し足」に合わせ、♩のリズムに合わせて静かにCラインからAラインへ移動[図2]。
——おかみさん全員、登場。「♪おかみさんの歌」を歌いながら、舞台奥からBラインを一周して並ぶ[図2]。

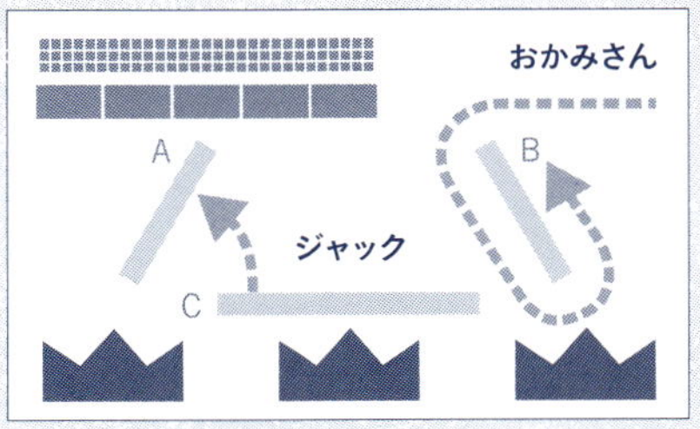

[図2]

ジャックの動き
「抜き足差し足」に合わせ、CラインからAラインへ移動する。

おかみさんの動き
「おかみさんの歌」を歌いながら、舞台奥から登場し、Bラインを一周して並ぶ。

おかみさん全員	♪そろそろ かえるよ ごしゅじんが おおきな からだで よくたべる ひとくい きょじんよ こわいひと さてさて しょくじを はこびましょう ──用意係、下手からかまどを出す。
おかみさん❶	──おかみさん1、右手でジャックを指さす。 おやおや、こんなところに子どもがいるよ。
おかみさん❷	──おかみさん2、両手で平泳ぎの動きを2回。 ここは人食い巨人のおうちだよ。
おかみさん❸	──おかみさん3、頭を両手でかかえる。 見つかったら食べられちゃうよ。
おかみさん❹	──おかみさん4、両手をグーにして、小刻みに震わす。 たいへん、たいへん。どうしましょう。
おかみさん❺	──おかみさん5、両手をほおに当てる。 もうすぐここへ、帰ってくるよ。
おかみさん❻	──おかみさん6、かまどを指さす。 そうそう、そこへ隠れなさい。
おかみさん❼	──おかみさん7、口元に人差し指を当てる。 静かに、静かにするんだよ。 ──ジャック全員、かまどに隠れるように下手に退場。おかみさん全員、Bラインに立ったまま待つ。
巨人全員	──巨人全員、上手から登場。♪「巨人の歌」を歌いながら、♪のリズムで力強く歩き、Cラインを通り、Aラインに並ぶ。 ♪ズンズンズズン ズンズンズズン わしはきょじん ここのぬし ダンダンダダン ダンダンダダン わしのとくぎは ひとくいさ こどものにくは やわらかい ガブリとたべたら うまかろう

一列に並んで順番にセリフを言う

巨人❶	――巨人1、手を口元に当て、「ヤッホー」のポーズをする。 今、帰ったぞ。
巨人❷	――巨人2、両手を腰に置き、胸をはる。 わしはとても腹が減った。
巨人❸	――巨人3、両手の親指を立て、繰り返し自分を指さす。 早くごちそう食べたいぞ。
巨人❹	――巨人4、両手をパーにして前に出す。 今日もたっぷり肉がいい。
巨人❺	――巨人5、右手の人差し指を立て、上下に振る。 それにデザート忘れるな。
巨人❻	――巨人6、両手をパーにして、自分の鼻に空気を集める。 くんくんにおうぞ、子どもだぞ。
巨人❼	――巨人7、右手をおでこに当て、きょろきょろする。 どこかに子どもがいるようだ。
おかみさん全員	――巨人全員、Aラインから舞台奥のいすに移動。 おかみさん全員、両手をバイバイのように振る。 とーんでもない。子どもなんていませんよ。はいはい、ごちそう召し上がれ。 おかみさん全員、いったん上手に退場。骨付き肉や果物、飲み物をとって、テーブルに運び、再び上手に退場。
巨人全員	――巨人全員、飲み食いする動作をしながら、♪ムシャムシャゴクゴクゴクの歌」を歌う。 ♪ムシャムシャうまいな おいしいな ゴクゴクおかわり おいしいぞ ムシャムシャゴクゴク モグモグ ムシャムシャゴクゴク パクパク ――巨人全員、テーブルの下からニワトリを出す。

一列に並んで順番にセリフを言う

巨人全員	さあ、さあ、さあ。ニワトリよ、卵を産め！
効果音	「♪ポン！」
巨人全員	——巨人全員、テーブルの下から竪琴を出す。 さあ、さあ、さあ。竪琴よ、歌え！
効果音	「♪ポンポロポン」
巨人全員	——巨人全員、頭をテーブルに伏せて眠るまねをする。 グウーグウー。グウーグウー。
ジャック全員	——ジャック全員、下手から登場。「♪抜き足差し足」に合わせて静かにCラインに並ぶ。両手を口元に当て、「いただきます」でお辞儀をする。 すごいなあ。不思議だなあ。それはぼくが、いただきます。 ——ジャック全員、「♪抜き足差し足」に合わせて静かにCラインからテーブルのところへ移動し、ニワトリと竪琴をとる。再びCラインに戻って並び、上手のほうを向く。
巨人全員	——巨人全員、目を覚ましてゆっくりと頭をあげる。テーブルを3回たたき、右手の人差し指でジャックを指す。 おいおいおい。お前はだれだ、何をする。
効果音	「♪ポンポロポン」
巨人全員	——巨人全員、テーブルからAラインに移動し、「♪追いかけろ」に合わせて、初めの4小節で足踏み。ジャック全員、Cラインで同様に行う。次の4小節で、巨人はCラインへ小走りで移動。ジャックはCラインからBラインへ小走りで移動。リピート後の初めの4小節で、ジャック全員、巨人はAラインから同様に、巨人はBラインへ小走りで移動。リピート後の次の4小節で、ジャックはCラインへ、巨人はAラインへ移動。コーダでジャックはBラインへ、巨人はCラインへ移動［図3］。
お母さん全員	——お母さん全員、上手から登場。曲の終わりにおのを持ってBラインのジャックの後ろに並ぶ。 ジャックー。おのだよ！

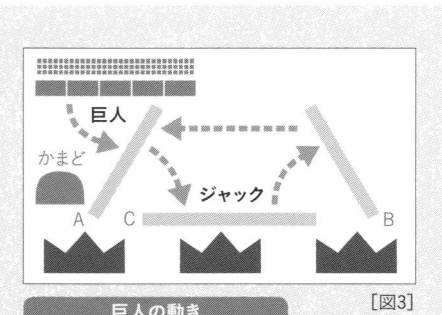

［図3］

巨人の動き
テーブルからAライン→Cライン→Bライン→Aライン→Cラインの順に移動する。

ジャックの動き
CラインからBライン→Aライン→Cライン→Bラインの順に移動する。

全員

——お母さん全員、ジャックが持っているニワトリと竪琴をおのと交換し、上手に退場[図4]。

——ジャック全員、「♪おの振りの曲」に合わせ、おのを振る。巨人全員、Cラインで足踏みしながら、手はクロールのように動かしふらふらする。曲の終わりにジャンプし、しりもちをつく。

——お母さん全員・おかみさん全員、上手から登場。

——ジャック全員・お母さん全員、Cラインに並ぶ。その後ろに巨人全員・おかみさん全員が並び、「♪おしまいの歌」を歌う。

♪① ふしぎな まめのき のぼったら
　　ひとくい きょじんが すんでいた
　　きょじんの もってる たからもの
　　どれも ふしぎで すごいもの
　　ジャックは たからを もちだした

♪② ミラクル パワフル だいぼうけん
　　ちいさな まめから はじまった
　　ジャックは たからを てにいれて
　　たのしく くらした かあさんと
　　あったね ほんとに よいことが

　　ふしぎな まめのきと ジャックの ぼうけん
　　これで おわります さようなら

(おしまい)

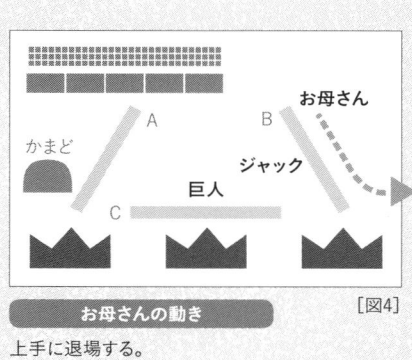

[図4] **お母さんの動き**
上手に退場する。

「ジャックと豆の木」楽譜集

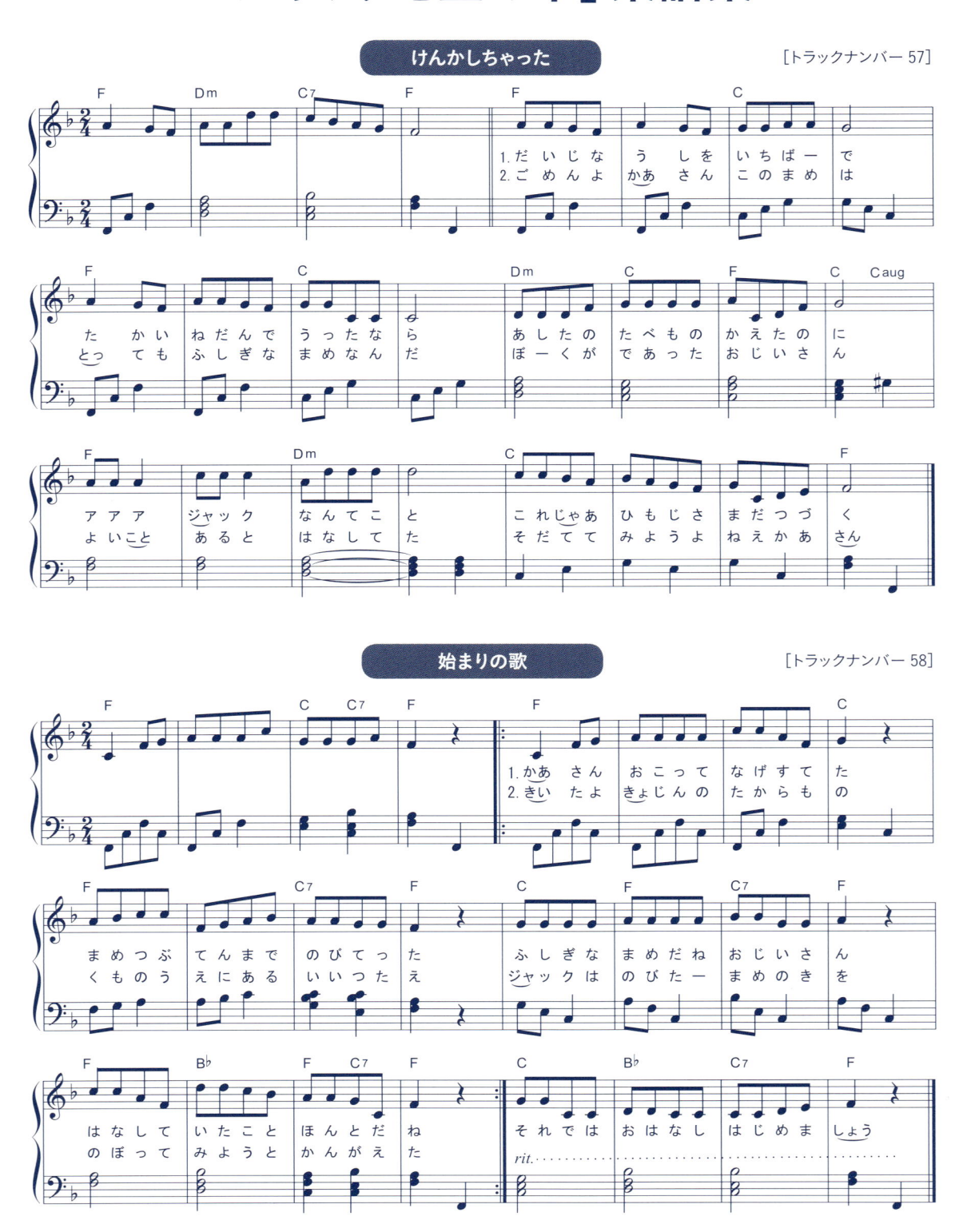

けんかしちゃった
[トラックナンバー 57]

1. だいじな うしを いちばーで たかい ねだんで うったなーら あしたの たべもの かえたの に アアア よいこと ジャック あると なんてこと はなしてた これじゃあ そだてて ひもじさ みようよ まだつづく ねえかあさん
2. ごめんよ かあさん このまめは とっても ふしぎな まめなんだ ぼーくが であった おじいさん

始まりの歌
[トラックナンバー 58]

1. かあさん おこって なげすてた まめつぶ てんまで のびてった くものうえにある いいつたえ はなして いたこと ほんとだね それでは おはなし はじめましょう
2. きいたよ きょじんの たからもの ふしぎな まめだね おじいさん ジャックは のびたー まめのきを のぼって みようと かんがえた

rit.

登っていこうの歌
[トラックナンバー 59]

さあ いこう ふしぎな まめのき
さあ のぼろう なにが あるかな ワクワク ドキドキ なにが まってる
げんき だして ぼうけん はじまる

抜き足差し足
[トラックナンバー 60]

おかみさんの歌

そろそろ かえるよ ごしゅじんが
おおきな からだで よくたべる ひとくい きょじんよ
こわいひと さてさて しょくじを はこびましょう

巨人の歌

ズンズンズズン ズンズズン わしはきょじん ここのぬし
ダンダンダダン ダンダダダン わしの とくぎは ひとくいさ こどものにくは やわらかい
ガブリとたべたら うまかろう ズンズンズズン ズンズズン ダンダンダダン ダンダダダン

ムシャムシャゴクゴクの歌 [トラックナンバー 63]

歌詞: ムシャムシャうまいな　おいしいな　ゴクゴクおかわり　おいしいぞ　ムシャムシャゴクゴク　モグモグー　ムシャムシャゴクゴク　パクパクー

ポン！ [トラックナンバー 64]

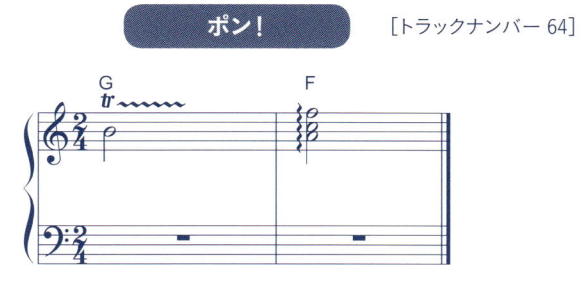

ポンポロポン [トラックナンバー 65]

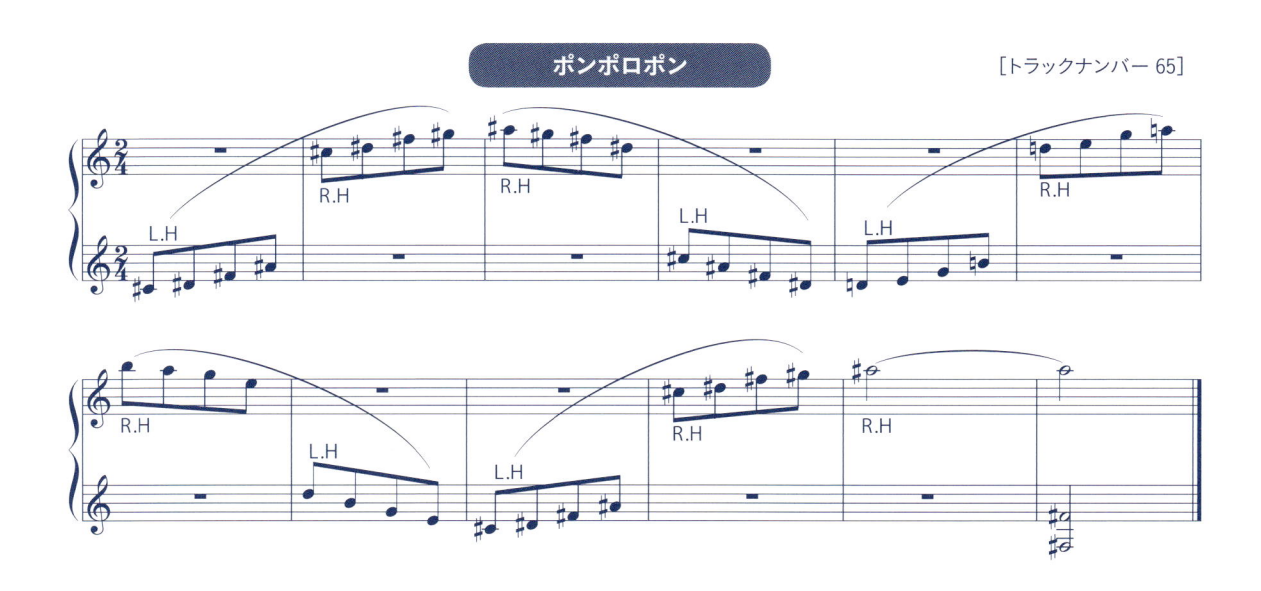

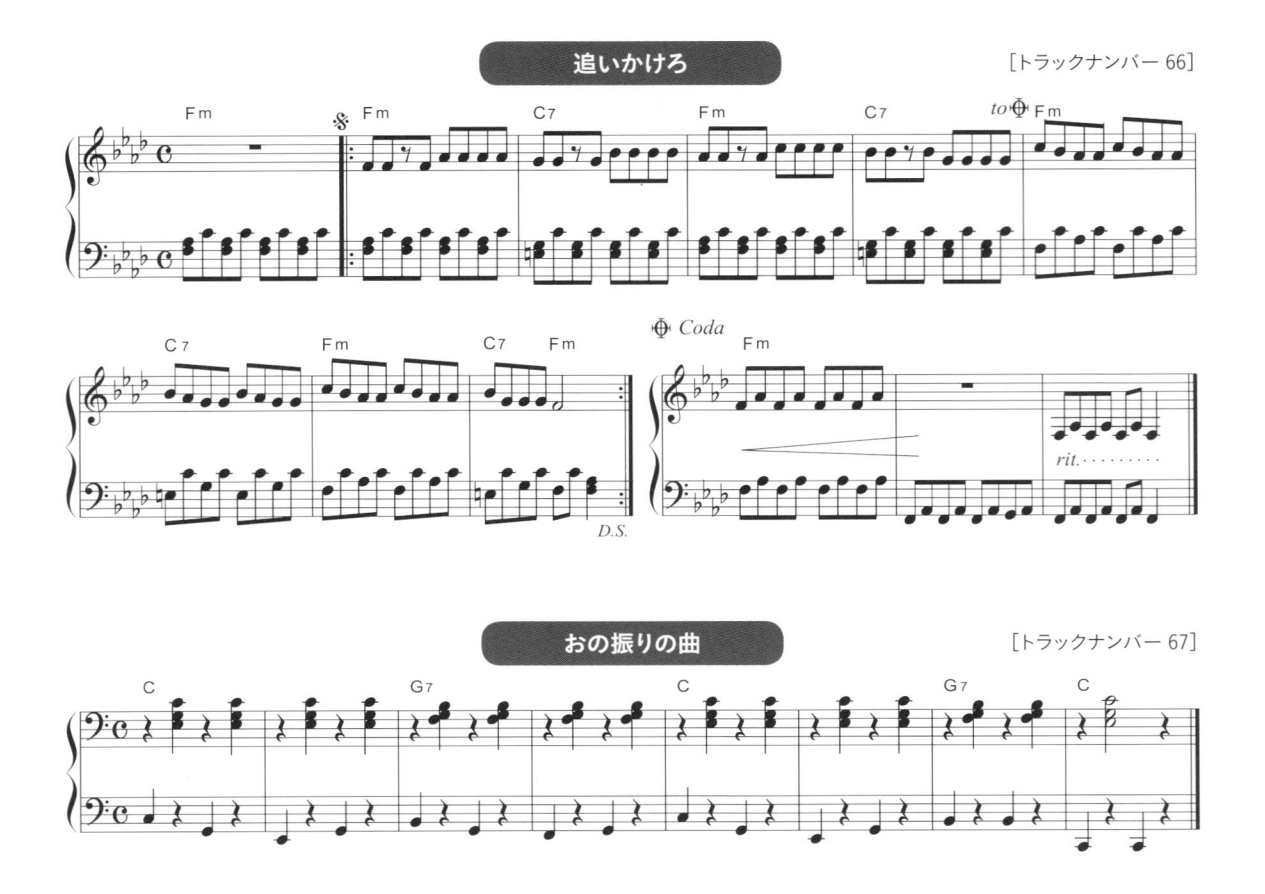

COLUMN ❼

「セリフと動作について」

子どもはプロの役者のように台詞を自然体で感情豊かに表現することは難しいもの。
そこで、子どものセリフを手助けする言い方や動作を工夫しましょう。

1 せりふは、7・5調（5・7調）などの「言葉のリズム」を利用して短めの言葉でまとめると言いやすくなります。また、例えば「おいしい」というセリフも、4拍子を感じるような言い回しにして「おいしい、おいしい、おいしいね」とすると、リズミカルになり、子どもも言いやすいし、次にセリフを言う子も、つまずかずにタイミングがはかりやすくなります。

2 この本では、セリフに必ず動きをつけています。せりふに身振り手振りが加わることで、声（せりふ）より表情豊かになり、舞台がより生き生きとしてきます。演じる子は、演じる役のイメージをしやすくなりますし、見る側はどの子がセリフを言っているのか識別でき、わかりやすいでしょう。

おしまいの歌

[トラックナンバー 68]

1. ふしぎな まめのき のぼったら
   ひとくい きょじんが すんでいた
   たからも てにいれて
   ジャックは たからを もちだした
   とジャックの ぼうけん これで おわります 「さようならー」

2. ミラクル パワフル だいぼうけん
   ちいさな まめから はじまった
   きょじんの ジャックは もってる たからを
   どーれも たのしく くらした
   すごいもん かあさんのと
   ジャックは あったね
   ほんとに よいこと たが
   ふしぎな まめのき

著者PROFILE

河合礼子 Reiko Kawai

作新学院女子短期大学幼児教育科卒業。栃木県宇都宮市で7年間幼稚園教諭を務めた後、出産・育児のため一時休職。その後、代理教諭を務めながら、リトミック研究センター認定資格（上級資格）を取得。保育士としての経験もある。保育雑誌「ラポム」における、2004年度第10回「ラポム大賞」で、手作り教材「おはなしハンカチ」が大賞を受賞。著書に、本書の第一弾となる『0～5歳児の劇あそび むかしばなしで発表会 アクトリズム オペレッタ』がある。

STAFF

デザイン	政成映美
表紙イラスト	たちもとみちこ（colobockle）
本文イラスト	Chao　たちもとみちこ（colobockle）　もり谷ゆみ
楽譜版下	石川ゆかり
校閲	草樹社
楽譜校閲	岡田陽子
音楽制作	丹後雅彦（アレンジ・演奏・録音）

メールアドレス：tango@ka2.so-net.ne.jp
ホームページ：http://www002.upp.so-net.ne.jp/Tango/tangoyu.html